国家职业技能等级认定培训教材
高 技 能 人 才 培 养 用 书
新形态职业技能鉴定指导教材

汽车维修工

——汽车维修检验工、汽车机械维修工、汽车电器维修工

（高级）

国家职业技能等级认定培训教材编审委员会　组编

祖国海　潘艳华　编

机械工业出版社

本书是依据《国家职业技能标准 汽车维修工》对高级汽车维修工的知识要求和技能要求,按照岗位培训需要的原则编写的,主要内容包括:发动机检修、底盘检修、汽车电器检修。本书附有理论知识试卷和操作技能考核试卷。本书还配套多媒体资源,可通过封底"天工讲堂"刮刮卡获取。

本书主要用作职业技能等级认定培训、企业培训的教材,也可作为技校、中职、各种短训班的教学用书,还可供有关工人自学使用。

图书在版编目(CIP)数据

汽车维修工:汽车维修检验工、汽车机械维修工、汽车电器维修工:高级/祖国海,潘艳华编.—北京:机械工业出版社,2020.5
新形态职业技能鉴定指导教材　高技能人才培养用书
ISBN 978-7-111-65246-5

Ⅰ.①汽… Ⅱ.①祖…②潘… Ⅲ.①汽车-车辆修理-职业技能-鉴定-教材 Ⅳ.①U472.4

中国版本图书馆CIP数据核字(2020)第054368号

机械工业出版社(北京市百万庄大街22号　邮政编码100037)
策划编辑:陈玉芝　责任编辑:陈玉芝
责任校对:张　薇　责任印制:常天培
北京机工印刷厂印刷
2021年10月第1版第1次印刷
184mm×260mm · 12.5印张 · 248千字
0 001—3 000册
标准书号:ISBN 978-7-111-65246-5
定价:49.80元

电话服务　　　　　　　　　网络服务
客服电话:010-88361066　　机 工 官 网:www.cmpbook.com
　　　　　010-88379833　　机 工 官 博:weibo.com/cmp1952
　　　　　010-68326294　　金　书　网:www.golden-book.com
封底无防伪标均为盗版　　　机工教育服务网:www.cmpedu.com

国家职业技能等级认定培训教材

 编审委员会

主　任　李　奇　荣庆华
副主任　姚春生　林　松　苗长健　尹子文
　　　　周培植　贾恒旦　孟祥忍　王　森
　　　　汪　俊　费维东　邵泽东　王琪冰
　　　　李双琦　林　飞　林战国

委　员（按姓氏笔画排序）
　　　　于传功　王　新　王兆晶　王宏鑫
　　　　王荣兰　卞良勇　邓海平　卢志林
　　　　朱在勤　刘　涛　纪　玮　李祥睿
　　　　李援瑛　吴　雷　宋传平　张婷婷
　　　　陈玉芝　陈志炎　陈洪华　季　飞
　　　　周　润　周爱东　胡家富　施红星
　　　　祖国海　费伯平　徐　彬　徐丕兵
　　　　唐建华　阎　伟　董　魁　臧联防
　　　　薛党辰　鞠　刚

序  Preface

新中国成立以来，技术工人队伍建设一直得到了党和政府的高度重视。20世纪五六十年代，我们借鉴苏联经验建立了技能人才的"八级工"制，培养了一大批身怀绝技的"大师"与"大工匠"。"八级工"不仅待遇高，而且深受社会尊重，成为那个时代的骄傲，吸引与带动了一批批青年技能人才锲而不舍地钻研技术、攀登高峰。

进入新时期，高技能人才发展上升为兴企强国的国家战略。从2003年全国第一次人才工作会议，明确提出高技能人才是国家人才队伍的重要组成部分，到2010年颁布实施《国家中长期人才发展规划纲要（2010—2020年）》，加快高技能人才队伍建设与发展成为举国的意志与战略之一。

习近平总书记强调，劳动者素质对一个国家、一个民族发展至关重要。技术工人队伍是支撑中国制造、中国创造的重要基础，对推动经济高质量发展具有重要作用。党的十八大以来，党中央、国务院健全技能人才培养、使用、评价、激励制度，大力发展技工教育，大规模开展职业技能培训，加快培养大批高素质劳动者和技术技能人才，使更多社会需要的技能人才、大国工匠不断涌现，推动形成了广大劳动者学习技能、报效国家的浓厚氛围。

2019年国务院办公厅印发了《职业技能提升行动方案（2019—2021年）》，目标任务是2019年至2021年，持续开展职业技能提升行动，提高培训针对性实效性，全面提升劳动者职业技能水平和就业创业能力。三年共开展各类补贴性职业技能培训5000万人次以上，其中2019年培训1500万人次以上；经过努力，到2021年底技能劳动者占就业人员总量的比例达到25%以上，高技能人才占技能劳动者的比例达到30%以上。

目前，我国技术工人（技能劳动者）已超过2亿人，其中高技能人才超过5000万人，在全面建成小康社会、新兴战略产业不断发展的今天，建设高技能人才队伍的任务十分重要。

Preface

机械工业出版社一直致力于技能人才培训用书的出版，先后出版了一系列具有行业影响力，深受企业、读者欢迎的教材。欣闻配合新的《国家职业技能标准》又编写了"国家职业技能等级认定培训教材"。这套教材由全国各地技能培训和考评专家编写，具有权威性和代表性；将理论与技能有机结合，并紧紧围绕《国家职业技能标准》的知识要求和技能要求编写，实用性、针对性强，既有必备的理论知识和技能知识，又有考核鉴定的理论和技能题库及答案；而且这套教材根据需要为部分教材配备了二维码，扫描书中的二维码便可观看相应资源；这套教材还配合天工讲堂开设了在线课程、在线题库，配套齐全，编排科学，便于培训和检测。

这套教材的出版非常及时，为培养技能型人才做了一件大好事，我相信这套教材一定会为我国培养更多更好的高素质技术技能型人才做出贡献！

中华全国总工会副主席

高凤林

前言

目前，取得职业资格证书已经成为劳动者就业上岗的必备条件，也是对劳动者职业能力的客观评价。取得职业资格证书不仅是广大从业人员、待岗人员的迫切需要，而且已经成为各级各类普通教育院校、职业学院毕业生追求的目标。

2019年1月，新的《国家职业技能标准 汽车维修工》实施，对汽车维修工提出了新的要求。为此，我们组织专家、学者、高级考评员，根据最新的国家职业技能标准，编写了汽车维修工培养教材，本书是高级工培训教材。本书有以下主要特点：

1）以现行国家职业技能标准为依据，以职业技能等级认定要求为尺度，以满足本职业对从业人员的要求为目标，对国家职业技能标准中要求的技能和有关知识进行了详细的介绍。

2）以岗位技能需求为出发点，按照"模块式"教材编写思路确定教材的核心技能模块，以此为基础，构建每一个技能训练项目所需掌握的相关知识、技能训练、模拟考试等结构体系。

本书由祖国海、潘艳华编写。

本书在编写过程中得到了国家职业技能等级认定培训教材编审委员会、中国汽车维修行业协会、呼和浩特万通汽车学校、德能（北京）汽车服务有限公司、广东瀚文书业有限公司、山东瀚德圣文化发展有限公司等组织和单位的大力支持与协助，在此一并表示衷心的感谢！

由于编写时间有限，书中难免存在一些缺点和不足之处，恳请读者批评指正。

编　者

目 录

Contents

序
前言

项目1　发动机检修

1.1 发动机大修 ·· 1
　　1.1.1　发动机总成大修工艺规程及技术要求 ·· 1
　　1.1.2　发动机竣工检验标准及条件 ·· 2
1.2 发动机单个机械故障诊断排除 ··· 3
　　1.2.1　发动机常见机械异响产生原因及特征 ·· 3
　　1.2.2　发动机常见机械异响故障诊断方法 ·· 5
1.3 发动机燃油供给、控制系统单个故障诊断排除 ·································· 6
　　1.3.1　发动机燃油供给系统故障诊断方法 ·· 6
　　1.3.2　发动机怠速控制相关知识 ··· 9
　　1.3.3　发动机控制系统故障诊断方法 ··· 10
1.4 进（排）气系统单个故障诊断排除 ··· 10
　　1.4.1　发动机进（排）气系统故障诊断方法 ··· 10
　　1.4.2　发动机增压系统故障诊断方法 ··· 11
　　1.4.3　尾气分析仪、烟度计使用相关知识 ·· 12
1.5 润滑、冷却系统单个故障诊断排除 ··· 13
　　1.5.1　润滑系统故障诊断方法 ·· 13
　　1.5.2　冷却系统故障诊断方法 ·· 14
1.6 排放控制系统单个故障诊断排除 ·· 15
　　1.6.1　曲轴箱通风系统的作用、组成及工作原理 ·· 15
　　1.6.2　燃油蒸发控制系统的作用、组成及工作原理 ····································· 16
　　1.6.3　废气再循环系统的作用、组成及工作原理 ·· 17

目 录

Contents

  1.6.4 三元催化转换器的作用、组成及工作原理 …………………………… 19
  1.6.5 氧传感器的作用、组成及工作原理 …………………………………… 20
 1.7 技能训练 ……………………………………………………………………… 21
  技能训练一 诊断排除气门异响故障 ……………………………………… 21
  技能训练二 诊断排除连杆轴承异响故障 …………………………………… 23
  技能训练三 诊断排除活塞敲缸响故障 …………………………………… 24
  技能训练四 诊断排除发动机燃油压力不足故障 ………………………… 25
  技能训练五 诊断排除发动机怠速不稳故障 …………………………… 28
  技能训练六 诊断排除发动机加速不良故障 …………………………… 31
  技能训练七 诊断排除发动机起动困难故障 …………………………… 34
  技能训练八 诊断排除混合气浓度过高故障 …………………………… 37
  技能训练九 诊断排除混合气浓度过低故障 …………………………… 40
  技能训练十 使用尾气分析仪、烟度计诊断故障 ………………………… 43
  技能训练十一 诊断排除润滑系统报警故障 …………………………… 44
  技能训练十二 诊断排除机油消耗异常故障 …………………………… 46
  技能训练十三 诊断排除冷却液充足但发动机过热故障 ……………… 48
  技能训练十四 检测、诊断曲轴箱通风系统性能和故障 ……………… 50
  技能训练十五 检测、诊断燃油蒸发控制系统性能和故障 ……………… 51
  技能训练十六 检测、诊断废气再循环系统性能和故障 ……………… 52
 复习思考题 …………………………………………………………………………… 54

项目2 底盘检修

 2.1 底盘总成检修 …………………………………………………………………… 57
  2.1.1 离合器总成检修技术要求 …………………………………………… 57
  2.1.2 手动变速器总成检修技术要求 ………………………………………… 58

目 录

Contents

- 2.1.3 万向传动装置检修技术要求 ·············· 59
- 2.1.4 主减速器和差速器检修技术要求 ·············· 60
- 2.1.5 转向器总成检修技术要求 ·············· 61
- 2.2 传动系统单个故障诊断排除 ·············· 62
  - 2.2.1 离合器故障诊断排除方法 ·············· 62
  - 2.2.2 手动变速器故障诊断排除方法 ·············· 63
  - 2.2.3 自动变速器技术状况的测试方法 ·············· 64
  - 2.2.4 万向传动装置故障诊断排除方法 ·············· 64
- 2.3 行驶系统单个故障诊断排除 ·············· 65
  - 2.3.1 行驶异响故障诊断排除方法 ·············· 65
  - 2.3.2 行驶跑偏故障诊断排除方法 ·············· 66
  - 2.3.3 车轮故障诊断排除方法 ·············· 67
  - 2.3.4 悬架装置故障诊断排除方法 ·············· 68
- 2.4 转向系统单个故障诊断排除 ·············· 70
  - 2.4.1 机械转向系统故障诊断排除方法 ·············· 70
  - 2.4.2 液压助力转向系统故障诊断排除方法 ·············· 70
  - 2.4.3 电动助力转向系统故障诊断排除方法 ·············· 71
- 2.5 制动系统单个故障诊断排除 ·············· 73
  - 2.5.1 制动跑偏（液压）故障诊断排除方法 ·············· 73
  - 2.5.2 制动力不足（气压）故障诊断排除方法 ·············· 74
  - 2.5.3 制动系统电子控制部分的故障诊断排除方法 ·············· 74
- 2.6 技能训练 ·············· 75
  - 技能训练一 检修离合器总成 ·············· 75
  - 技能训练二 检修手动变速器总成 ·············· 78
  - 技能训练三 检修万向传动装置 ·············· 81
  - 技能训练四 检修主减速器和差速器 ·············· 84

目 录
Contents

　　技能训练五　检修转向器总成 ·· 87
　　技能训练六　诊断排除离合器打滑故障 ·································· 91
　　技能训练七　诊断排除手动变速器掉档故障 ····························· 93
　　技能训练八　自动变速器失速试验 ·· 96
　　技能训练九　诊断排除传动轴发抖或前驱动轴振动故障 ············· 97
　　技能训练十　诊断排除后驱动桥异响故障 ······························· 99
　　技能训练十一　诊断排除轮胎胎面磨损不均匀故障 ················· 101
　　技能训练十二　诊断排除行驶跑偏故障 ································ 103
　　技能训练十三　诊断排除动力转向系统转向沉重故障 ·············· 105
　　技能训练十四　诊断排除电动助力转向系统故障 ···················· 107
　　技能训练十五　诊断排除液压制动不良故障 ·························· 110
　　技能训练十六　诊断排除ABS工作异常故障 ························· 112
复习思考题 ··· 114

项目3　汽车电器检修

3.1　充电、起动系统单个故障诊断排除 ·· 117
　　3.1.1　充电系统故障诊断方法 ·· 117
　　3.1.2　起动系统故障诊断方法 ·· 120
3.2　照明、信号及仪表单个故障诊断排除 ···································· 123
　　3.2.1　照明系统故障诊断方法 ·· 123
　　3.2.2　信号系统故障诊断方法 ·· 123
　　3.2.3　仪表系统故障诊断方法 ·· 124
3.3　辅助电器系统单个故障诊断排除 ·· 126
　　3.3.1　音响娱乐系统故障诊断方法 ······································ 126

Contents 目 录

    3.3.2 电动座椅系统故障诊断方法 …………………………………………… 127

    3.3.3 电动后视镜系统故障诊断方法 ………………………………………… 127

    3.3.4 中控门锁系统故障诊断方法 …………………………………………… 128

    3.3.5 刮水器系统故障诊断方法 ……………………………………………… 128

    3.3.6 电动车窗系统故障诊断方法 …………………………………………… 129

    3.3.7 安全气囊系统故障诊断方法 …………………………………………… 130

3.4 空调系统单个故障诊断排除 …………………………………………………… 132

    3.4.1 汽车空调制冷循环系统故障诊断方法 ………………………………… 132

    3.4.2 自动空调系统电路故障诊断方法 ……………………………………… 132

    3.4.3 手动空调系统电路故障诊断方法 ……………………………………… 133

    3.4.4 空调取暖和通风系统故障诊断方法 …………………………………… 134

3.5 电力驱动和电池系统维护 ……………………………………………………… 134

    3.5.1 动力蓄电池 ……………………………………………………………… 134

    3.5.2 动力蓄电池使用注意事项 ……………………………………………… 135

3.6 技能训练 ………………………………………………………………………… 135

    技能训练一   诊断排除充电系统不充电故障 ……………………………… 135

    技能训练二   诊断排除起动机不转动故障 ………………………………… 137

    技能训练三   诊断排除前照灯不亮故障 …………………………………… 139

    技能训练四   诊断排除转向信号灯不工作故障 …………………………… 140

    技能训练五   诊断排除喇叭不响故障 ……………………………………… 142

    技能训练六   诊断排除电流表指针不动、指示不准故障 ………………… 143

    技能训练七   诊断排除收放机不工作故障 ………………………………… 144

    技能训练八   诊断排除电动座椅不工作故障 ……………………………… 145

    技能训练九   诊断排除左电动后视镜上下调节异常故障 ………………… 148

    技能训练十   诊断排除中控门锁左后门锁不能上锁故障 ………………… 150

目 录

  技能训练十一 诊断排除安全气囊警告灯常亮故障 …………………… 152
  技能训练十二 诊断排除空调制冷循环系统故障 ………………………… 153
  技能训练十三 诊断排除自动空调系统电路故障 ………………………… 154
  技能训练十四 更换动力蓄电池组 …………………………………………… 155
  技能训练十五 更换动力蓄电池散热风扇 …………………………………… 161
 复习思考题 …………………………………………………………………………… 164

模拟试卷

高级汽车维修工理论知识试卷 ………………………………………………………… 167
高级汽车维修工理论知识试卷答案 …………………………………………………… 183
高级汽车维修工操作技能考核试卷 …………………………………………………… 184
高级汽车维修工操作技能考核评分记录表（1）……………………………………… 185
高级汽车维修工操作技能考核评分记录表（2）……………………………………… 187

Chapter 1

项目 1 发动机检修

1.1 发动机大修

1.1.1 发动机总成大修工艺规程及技术要求

发动机大修指全面修理，其修理工艺过程最具有代表性。发动机大修时进行的各种技术作业总称为发动机修理工艺。按一定的顺序和方法完成这些作业的过程称为发动机修理工艺过程。发动机修理工艺过程一般包括进厂检验、外部清洗、总成和零件的拆卸、零件清洗、零件检验分类、零件修理、总成装配、总成试验、发动机总装及调试、出厂检验等。发动机的修理工艺过程如图 1-1 所示。

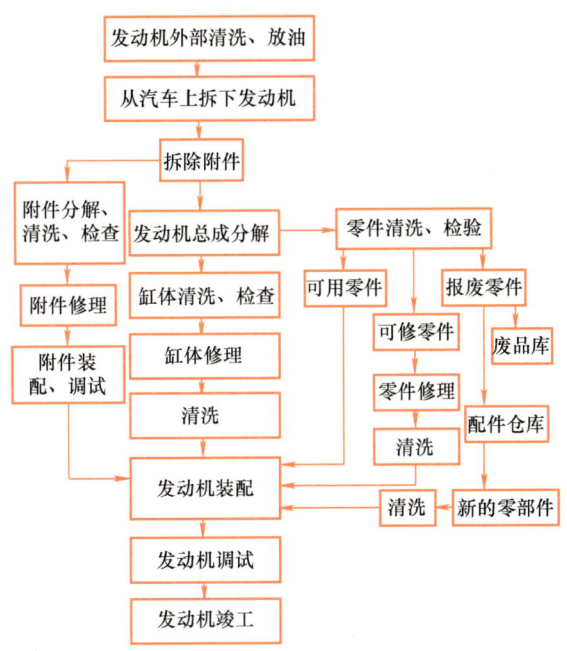

图 1-1 发动机的修理工艺过程

链接 1

发动机总成大修工艺相关知识

1.1.2 发动机竣工检验标准及条件

1）检查并加足冷却液、机油和燃油。

2）用检视的方法检验发动机装备状况，要求装备齐全、有效，各零部件及附件应符合规定的技术条件。

3）起动发动机，检查其起动性能。

① 冷车起动：要求在环境温度 ≥ -5℃时应顺利起动，允许连续起动 ≤ 3 次，每次起动时间 ≥ 5s。

② 热车起动：要求在发动机正常工作温度下，5s 内能起动。

4）燃油压力的检查。燃油压力的标准值为 250kPa ± 20kPa；否则，应检查其原因。

5）检查发动机运转工况。起动发动机运转至正常工作温度 93~105℃。

① 检查怠速工况。用转速表进行运转试验或用发动机综合仪测量，要求发动机怠速运转稳定，转速符合原设计规定，转速波动 ≤ 50r/min。

② 检查转速变化工况。用转速表检查，发动机改变转速时应过渡圆滑，突然加速或减速时，不得有爆燃、断火、回火、放炮等现象；最高转速不得低于 4000r/min。

6）检查发动机运转时有无异响。要求发动机在正常工况下运转时，不得有异常响声。

7）检查发动机机油压力、冷却液温度和机油温度。

8）检查气缸压力。

① 检查气缸压力值。用转速表、气缸压力表检查，气缸压力应符合原厂设计规定。

② 检查各气缸压力差。用转速表、气缸压力表或发动机分析仪测量。对每缸压力与各缸平均压力差的要求：汽油机不大于各缸平均压力的 8%，柴油机不大于 10%。

9）检查发动机进气歧管真空度。用转速表、真空表检查，汽车发动机怠速时，要求进气歧管真空度应为 57~70kPa。

10）检查发动机功率和转矩。将发动机运转到正常工作温度，用测功机进行测量，要求发动机最大功率、最大转矩不大于原设计规定值的 90%。

11）检查发动机燃料消耗率。用油耗计、测功机按有关规定测量，要求发动机最低燃料消耗不大于原设计要求。

12）检查发动机排放。要求汽油机排放、柴油机排放应符合现行的国家规定。

13）检查润滑油质量。用检视方法或润滑油质分析仪检查，要求发动机规格、数量、质量应符合原设计规定。

14）检视发动机"四漏"情况。要求发动机应无漏水、漏油、漏气、漏电现象，但润滑油、冷却液密封接合面处允许有不致形成滴状的浸渍。

15）发动机涂漆或银粉。要求发动机外表应按规定涂漆或银粉，涂层要均匀，不得有漏涂现象。

16）填写发动机修理竣工检查表。

1.2 发动机单个机械故障诊断排除

1.2.1 发动机常见机械异响产生原因及特征

1. 发动机异响的产生原因

发动机异响标志着发动机某一机构的技术状态已发生变化。主要是因有些零件磨损严重或装配、调整不当引起的。可能原因有：

1）配合间隙过大。

2）润滑不良。

3）紧固件松动。

4）个别机件变形损坏。

5）不正常燃烧。

6）装配调整或修理不当。

7）回转件平衡遭到破坏。

2. 发动机异响的特征（表 1-1~ 表 1-4）

发动机异响常与发动机的转速、温度、负荷、缸位、工作循环等有关。大多数异响的出现，取决于发动机的转速状态；不少异响与其负荷有明显的关系，诊断时可采取逐缸解除负荷的方法进行试验，通常采用单缸或双缸断火法解除一缸或两缸的负荷，以鉴别异响与负荷的关系；另外，发动机的异响故障往往与发动机的工作循环有明显的关系，尤其是曲柄连杆机构和配气机构的异响都与工作循环有关。

说明： 凡由曲柄连杆机构引起的声响均为发动机做功一次发响两次；凡由配气机构引起的声响均为发动机做功一次发响一次。

表 1-1 异响与发动机转速的关系

现象	发响原因
异响在发动机急加速时出现，维持高速运转时声响仍存在	1）连杆轴承松旷、轴瓦烧熔或尺寸不符而转动 2）曲轴轴承松旷或轴瓦烧熔 3）活塞销折断
在急速或低速运转时异响	1）活塞与气缸壁间隙过大 2）活塞销装配过紧或连杆轴承装配过紧 3）挺杆与其导孔间隙过大 4）配气凸轮轮廓磨损 5）起动爪松动而使带轮发响（在转速改变时明显）
维持在某转速时声响紊乱，急减速时相继发出短暂声响	1）凸轮轴正时齿轮破裂或其固定螺母松动 2）曲轴折断 3）活塞销衬套松旷 4）凸轮轴轴向间隙过大或其衬套松旷

表 1-2 异响与负荷的关系

现象	发响原因
某缸断火，异响顿无或减轻	1）活塞敲缸 2）连杆轴承松旷 3）活塞环漏气 4）活塞销折断
某缸断火，则声响加重，或原来无响，此时反而出现声响	1）活塞销铜套松旷 2）活塞裙部锥度过大 3）活塞销窜出 4）连杆轴承盖固定螺栓严重松动或连杆轴瓦合金烧熔脱净 5）飞轮固定螺栓严重松动
相邻两缸断火，异响减轻或消失	曲轴轴承松旷

表 1-3 异响与温度的关系

现象	发响原因
低温发响，温度升高后声响减轻甚至消失	1）活塞与缸壁间隙过大 2）活塞因主轴承油槽深度和宽度失准 3）机油压力低而润滑不良
温度升高后有声响，温度降低后声响减轻或消失	1）过热引起的早燃 2）活塞裙部椭圆的长、短轴方向相反 3）活塞椭圆度小，活塞与缸壁的间隙过小 4）活塞变形 5）活塞环各间隙过小

表 1-4 异响与发动机工作循环的关系

现象	发响原因
曲柄连杆机构引起的异响	1）活塞敲击缸壁 2）活塞销发出敲击声 3）活塞顶缸盖，连杆轴承严重松旷 4）活塞环漏气
配气机构引起的异响	1）气门间隙过大 2）挺杆与其导孔间隙过大 3）凸轮轮廓磨损 4）气门杆与其导管间隙过大 5）气门弹簧折断 6）凸轮轴正时齿轮径向破裂 7）气门座圈松脱 8）气门卡滞不能关闭

1.2.2 发动机常见机械异响故障诊断方法

1. 发动机异响的诊断方法

发动机异响常见故障主要在曲柄连杆机构和配气机构。发动机异响的诊断方法有两种，即人工经验听诊法和仪器诊断法。

采用人工经验听诊法诊断发动机异响的过程中，常常借助于螺钉旋具来察听异响；仪器诊断法常用的仪器主要有听诊器、噪声器、振动分析仪等。

2. 发动机异响的诊断程序

（1）异响的确定原则 在众多混杂的发动机运转声响中，应确定哪些是正常的声响，哪些是异响。异响中哪些是尚允许存在的，哪些则是不允许继续存在，必须予以排除的，这是异响诊断过程中首先应明确的。

异响的确定原则有：

1）若声响在低速运转时显得轻微、单纯，在高速运转时虽显得轰鸣但却平稳均匀，在加速和减速时声响显得过渡圆滑，则为正常声响。

2）若声响中伴随着沉闷的"镗镗"声、清脆的"铛铛"声、短促的"嗒嗒"声、细微的"唰唰"声、尖锐的"喋喋"声和强烈的"嘎嘎"声等，即表明发动机存在不正常的异响。

（2）异响的确诊

1）当异响出现在急速或低速运转期间时，可依以下顺序进行诊断：

① 用单缸断火法检查异响与缸位是否有关联。若某缸断火后异响有明显的变化，则说明故障在该缸。

② 若某缸断火后异响并无明显的变化，则说明异响与缸位并无关系。继而应逐缸检查异响与工作循环是否有关联，判定故障出在哪一机构。

③ 逐渐提高发动机转速，听察异响有无变化，根据异响随转速的变化，判断运动机制耗损的程度。

④ 在诊断过程中，还应注意观察发动机温度的变化对异响的影响。

2）当异响出现在高速运转期间时，可依以下顺序进行诊断：

① 从低速逐渐提高发动机转速，直至高速运转。在此过程中，注意异响出现的时机。

② 当异响出现后，使发动机稳定于该转速运转，仔细听察异响，利用单缸断火法查明缸位。

③ 若难以查明缸位，则应听察该异响分布的区域。

④ 若从低速逐渐提高转速的过程中，并不出现异响，却在急加速或急减速时出现异响，则用单缸断火法并配以速度的急剧变化，即可判明异响发生在哪个缸位。

通过上述诊断，基本可查明异响与发动机的负荷、工作循环、转速和温度之间的关系。如若异响与某种异响特性相符合，即可做出诊断结论。此外，在诊断过程中还应听察异响引起的振动部位及伴随的其他故障现象，注意机油压力、机油加注口和排气管等处的变化，辅以诊断故障，从而得出确诊的结论。

3）运行期间。运行中的发动机异响，一般都能在停车后使发动机处于同速度运转中得到重现，从而推断出异响的确诊结论。

链接 2

发动机异响的振动区域

1.3　发动机燃油供给、控制系统单个故障诊断排除

1.3.1　发动机燃油供给系统故障诊断方法

1. 向车主调查

为了能快速、准确地查找出故障原因并排除故障，首先向车主了解发生故障前后的情况、近期检修情况，倾听车主对故障现象的描述，这样对诊断故障的原因有很大帮助。

2. 外部检查

外部检查是排除一般性故障的重要程序，通过外部检查，可以避免走弯路。

外部检查的主要内容：

1）ECU 插头是否连接良好。

2）传感器、执行器的插头连接是否良好。
3）线束的连接是否良好。
4）线束是否有断裂或氧化、腐蚀现象。
5）传感器和执行器是否有明显裂痕。
6）ECU、传感器是否受潮、进水。
7）检查真空软管是否破裂、老化或漏气。
8）检查空气滤清器是否过脏，必要时更换。

3. 模拟故障征兆诊断

有些故障由于受到外界因素的影响而时有时无，没有明显的故障现象，诊断比较困难，一般需模拟故障征兆查明故障原因。模拟故障征兆诊断方法见表1-5。

表1-5 模拟故障征兆诊断方法

模拟方法	图示	说明
振动试验法		如果振动可能是产生故障的主要原因，则可以利用振动法进行检验。试验方法主要包括：在水平和垂直方向轻轻摆动插接器、线束、导线插头；用手轻轻拍打传感器、执行器、继电器和开关等控制部件
加热试验法		如果汽车故障是在热机时出现或是由某些传感器与零件受热所导致的，则可用电加热吹风机等加热工具对可能引起故障的零部件或传感器进行适当加热，以检查其是否有故障 **注意**：加热温度不能超过60℃
水淋试验法		如果故障是在雨天或湿度较大的条件下产生的，则可通过喷淋试验检查诊断故障。试验时，将水喷洒在散热器前面和汽车顶部，通过间接改变湿度检查其是否发生故障 **注意**：不能将水直接喷洒在电气与电控系统零部件上，以免造成短路和其他故障。禁止对ECU进行喷水

4. 自诊断检查

现代的汽车微机控制系统都具有自诊断的功能，当电控系统出现故障时，"CHECK ENGINE"（发动机检查）灯点亮，同时ECU将故障码存入存储器，通过一定的程序故障码可以从ECU中调出，根据故障码所显示的内容，能迅速准确地确定故障部位的性质，进行针对性的查找，当故障排除后，应当清除存储器所存储的故障码。

5. 简单仪表诊断法

简单仪表诊断法，就是利用以万用表和示波器为主的通用仪表（图1-2），对汽车电控系统故障进行诊断的方法。因为电控系统的各部件均有一定的电阻值范围，工作时有输出电压信号范围和输出脉冲波形，所以可用万用表测量元件的电阻或输出电压，用示波器测试元件工作时的输出电压波形，用万用表测量导通性等可判断元器件或线路是否正常。

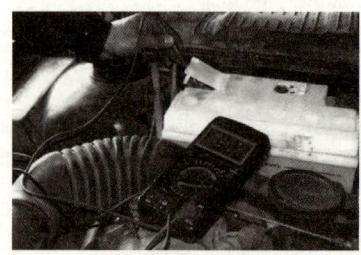

a) 万用表诊断　　　　　　b) 示波器诊断

图 1-2　简单仪表诊断法

6. 专用仪器诊断法（图1-3）

汽车的电子化迫使对汽车故障的诊断手段进行变革，随着汽车电子化的进程，各种汽车专用诊断仪应运而生，如发动机电脑故障综合诊断仪、电脑解码仪等。这些专用诊断仪器大多数为带有微处理器的电子计算机系统，对汽车的故障诊断十分有效。

a) 解码器设备诊断　　　　　　b) 微机检测设备诊断

图 1-3　专用仪器诊断法

1.3.2 发动机怠速控制相关知识

怠速控制系统由各种传感器、信号控制开关、电子控制单元（Electronic Control Unit, ECU，又称行车电脑）、怠速控制阀和节气门旁通空气道等组成，如图1-4所示。

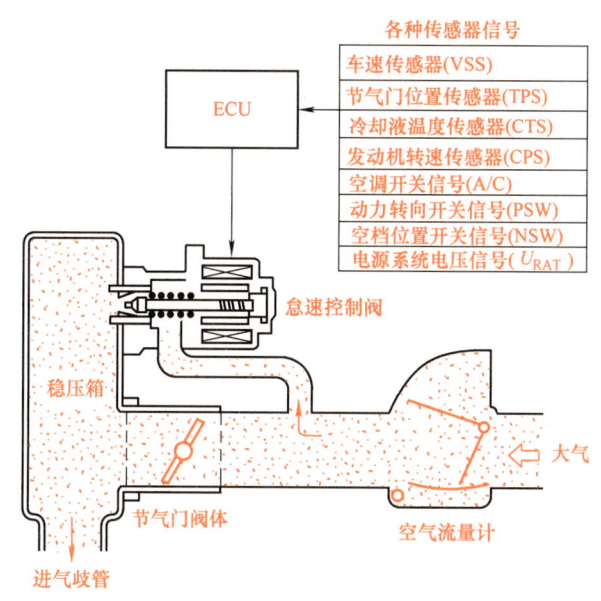

图1-4 怠速控制系统结构

车速传感器提供车速信号，节气门位置传感器提供怠速触点开闭信号，这两个信号用来判定发动机是否处于怠速状态。发动机怠速时，节气门关闭，节气门位置传感器的怠速触点（IDL）闭合，传感器输出端子IDL输出低电平信号。因此，当IDL端子输出低电平信号时，如果车速为零，就说明发动机处于怠速状态；如果车速不为零，则说明发动机处于减速状态。

冷却液温度信号用于修正怠速转速。在ECU内部，存储有不同冷却液温度对应的最佳怠速转速，在冷车起动后的暖机过程中，ECU根据发动机温度信号，通过控制怠速控制阀的开度来控制相应的怠速转速，并随着发动机温度的升高逐渐降低怠速转速。当冷却液温度达到正常工作温度时，怠速转速恢复正常怠速转速。

空调开关信号、动力转向开关信号、空档位置开关信号和电源系统电压信号等，向ECU提供发动机负荷变化的状态信息。在ECU内部，存储有不同负荷状况下对应的最佳怠速转速。

怠速时的旁通空气道有两条，一条由怠速调整螺钉调节，另一条由怠速控制阀调节。

链接 3
发动机怠速控制系统相关知识

1.3.3 发动机控制系统故障诊断方法

1. 故障信息确认

向车主询问故障发生情况，如故障发生的时间、地点、路况、天气情况以及故障发生的频率等，必要时可以通过路面来确定了解故障信息。

2. 故障检测与采集

先用直观的视觉、嗅觉、听觉来检查外在的一些可能发生的故障原因，如相关线路是否有破损，插件是否有脱落，搭铁线是否有锈蚀等；如果有这些故障，那么要记录这些直观的故障，进行检修前诊断数据与检修后诊断数据的比较，采集这些故障信息以便下一步用这些故障信息分析故障深层原因，然后对进排气系统、点火系统、燃油系统等进行逐一排查。

3. 故障诊断测试

用故障诊断仪进行检查，读取故障码，如果存在故障码，则要按故障码提示的故障可能发生的原因进行逐步分析排查。对发动机进行数据流检测，对发动机怠速数据流情况、加速数据流情况等各种工况下的数据参照维修手册进行分析。

链接 4
发动机控制系统的结构组成

1.4 进（排）气系统单个故障诊断排除

1.4.1 发动机进（排）气系统故障诊断方法

1. 发动机进气系统故障诊断方法

（1）空气滤清器　引起空气滤清器故障的主要原因是脏污。采用摘除方法，如果故障现象减弱或消除，则应更换空气滤清器。

（2）节气门　引起节气门故障的主要原因是脏污或磨损。先证明是怠速控制状态，如果怠速正常，则视为不脏污、不磨损；如果怠速不正常，诊断怠速控制系统，清洗、调整设定或更换。

（3）进气道、进气总管和进气歧管　引起进气道、进气总管和进气歧管故障的主要原因是漏气。对于漏气，可采用易燃的化油器清洗剂检查漏气部位，如果发动机转速有变化，则表明漏气，漏气对信号会产生失真效应。

空气供给系统机械故障的检查方法很多，还可以通过试验方法确定故障。

（4）传感器　传感器一般采用测量方法进行诊断，测量仪器有试灯、万用表、示波器等；也可以通过故障码和数据流进行逻辑分析，然后进行诊断。

2. 发动机排气系统故障诊断方法

（1）氧传感器　氧传感器的信号电压失常，会影响发动机电脑的喷油量反馈控制（即闭环控制）过程。当氧传感器信号电压偏低时，会使发动机电脑误认为混合气浓度过低，从而增加喷油量，导致混合气浓度过高。有些车型的发动机电脑对氧传感器的工作状况十分敏感，氧传感器的信号稍有不正常时就会使故障警告灯亮起，此时可根据故障码的指示很快地查找到故障原因。但也有一些车型的发动机电脑对氧传感器的工作状况不太敏感。在氧传感器的信号电压失常时故障警告灯并没有亮，此时可试着拔下氧传感器的线束插头，切断氧传感器和电脑的连接线路，此时电脑会因氧传感器的线路断路而使故障警告灯亮起，同时停止闭环控制，改为按开环控制的方式控制喷油量。如果在拔下氧传感器的线束插头后，发动机排气冒黑烟的故障消失，则说明氧传感器有故障，应更换。

（2）三元催化反应器　在发动机控制系统工作正常的情况下，混合气的浓度接近理论混合比，排气中的一氧化碳、碳氢化合物、氮氧化合物在经过排气管中的三元催化反应器时产生一定的化学反应，生成二氧化碳、氧气、氮气和水汽。因此其排气中的白烟是水雾，此现象在发动机冷车运转或气温较低时特别明显。检查时，可将手掌靠近排气管口，如果排气中的水雾会在手掌上结出一层水膜，或在排气管口有少许水滴滴出，则说明发动机工作正常，无须修理。

1.4.2　发动机增压系统故障诊断方法

1. 增压器的常见故障及原因

1）增压器突然停止运转，其原因多为增压器轴承损坏、转子绕组烧坏，涡轮、泵轮叶片被打坏而卡死等。

2）增压器涡轮端或泵轮端"排油"。当增压器转子轴磨损严重，转子轴密封环失去作用，或操作不当造成润滑条件恶劣致使密封环磨损、拉伤而失效时，涡轮端或泵轮端出现"排油"故障。涡轮端"排油"，会使排气管、消声器产生大量油污和积炭，增大排气阻力，降低增压器的转速，使发动机动力下降；泵轮端"排油"，会使发动机进气管道存有大量机油，机油消耗加大，进气阻力加大，发动机动力便下降。

3）增压器振动剧烈且有噪声，其主要原因是转子轴严重磨损，使轴承间隙加大而产生振动，涡轮与泵轮损坏或沾有油泥使转子动平衡被破坏而产生噪声和振动。若噪声明显表现出是金属摩擦，则是泵轮或涡轮叶片与壳体碰擦。

4）增压器气喘。因进气系统堵塞，如空气滤清器堵塞、进气道油灰沉积等，造成发动机增压压力下降且产生较大波动，在增压器泵轮端出现如气喘的异响，伴随发动机工作不稳，动力下降，排气管冒黑烟。

5）增压器增压压力下降，其原因是进气管道堵塞、轴承与轴磨损、涡轮或泵轮叶片变形或损坏、与壳体摩擦等。

2. 故障检修方法

（1）外观检查 观察涡轮与泵轮以外排、进气连接法兰和接头有无裂纹、漏气等现象，特别要观察增压器"排油"现象是否严重，其在压气机至进气管道之间的橡胶管接头上表现最为明显。若该接头处仅表现为轻微地渗油，则属于正常现象；若该接头处漏油严重，则表明增压器已不能再使用。此外发动机停机后，若用听诊器可以听到增压器转子依靠惯性转动的声音，且声音持续1min以上的时间，则表明增压器性能良好。

（2）压气机泵轮部分检修 拆卸压气机与进气管道的连接，观察压气机叶轮和泵壳的摩擦情况、漏油情况以及叶片的损坏情况。若发现叶轮与泵壳有摩擦，且泵壳摩擦部位附着物较坚固，则表明泵轮内有损坏；若发现是外来物损伤了泵轮，或者泵轮轴漏油严重，则应对增压器进行维修。

（3）旋转组件检修 若检查涡轮与泵轮没有明显损坏，则用手迅速转动增压器转子，应该旋转自如，无明显的研磨噪声和阻滞现象，否则表明轴已烧损。用千分尺检查转子轴轴向间隙以及涡轮端和泵轮端的径向间隙，其值不得超过标准范围。分解拆装旋转组件时，必须做好压气机叶轮、转子轴锁紧螺母的相对位置记号。更换压气机叶轮时要做动平衡试验。安装涡轮端和泵轮端两密封环时，开口应互成180°，相对中间壳进油口成90°。压气机叶轮锁紧螺母要按规定扭矩拧紧。

（4）涡轮机涡轮部分检修 从涡轮机出气口将排气管道拆除，检查涡轮叶片和壳体的摩擦情况、漏油情况以及叶片的损坏情况。若发现叶片与壳体有摩擦，且壳体上的附着物坚硬而牢固，则可能是涡轮内有损坏，此时必须拆卸修理。若发现积油严重，则应观察该油是从排气系统带来的，还是从涡轮中心排出的。若积油来自轴心且较严重，则表明涡轮轴的密封环失效，应对增压器拆检维修；若积油来自排气系统，而叶轮上积油较多，则应将涡轮拆卸清洗。

1.4.3 尾气分析仪、烟度计使用相关知识

尾气分析仪就是检测发动机排放的尾气，通过对尾气中的HC、CO、CO_2、NO和O_2的含量分析，可以判断发动机各工况的燃烧情况。因此，尾气分析的结论对发

动机故障的诊断有着很重要的参考价值。

汽车尾气成分与发动机的工况有着密切联系，因此通过汽车尾气的检测可初步分析发动机的工作状况、性能好坏。更为重要的是，当发动机各系统出现故障时，尾气中某种成分必然偏离正常值，通过检测发动机不同工况下尾气中不同气体成分的含量，可判断发动机故障所在的部位。

烟度计是测定汽车排出废气中烟度的仪器，主要用于柴油机排出废气的测定。用活塞抽气泵从柴油机排气管中，按规定时间抽取一定容积的排气气体，并使之通过一定面积的滤纸，排气中的烟尘粒截留在滤纸上并使滤纸染黑。用光电测量装置测量滤纸的吸光率，该吸光率表示排气中烟度的大小。烟度计主要由活塞抽气泵、取样装置和光电测量装置组成。测量一般重复3次，求得算术平均值作为测得的烟度值。烟度值的数值范围为0~10，空白滤纸的烟度为零，全黑滤纸的烟度为10。

链接5
尾气分析仪和烟度计的相关知识

1.5 润滑、冷却系统单个故障诊断排除

1.5.1 润滑系统故障诊断方法

1. 机油压力表针出现抖动

机油压力表针抖动一般是机油滤清器堵塞所致。当滤芯被脏物或胶质堵塞而流通不畅时，机油过滤前后压差便增大，使安全阀打开，主油道油压迅速升高，机油压力表指针就上摆；此时安全阀前后压差减小使阀门又关闭，主油道油压随之减小，机油压力表指针下摆。当压差增大到一定程度后，又使安全阀打开，如此反复，机油压力表针便出现抖动，反映出主油道机油压力不稳。出现这种现象时应更换滤芯，以使机油压力表针抖动消失。

2. 润滑系统出现报警

现代汽车上的润滑系统多装有警报蜂鸣器，汽车在运行中当仪表盘上的机油压力警报灯亮时，表明机油压力低于规定值，应该立即停车熄火，过几分钟以后检查机油油面是否过低。若过低应按规定补充机油，然后起动，观察警报灯是否熄灭。否则，应按机油压力过低故障进行排除。在刚起动的短时间内有时急速运转也会出现警报灯亮的情形，若稍微加速尾灯便熄灭，则属于正常现象。

3. 发动机机油消耗过大

1）若排气管明显冒蓝烟则为烧机油造成的。

2）若发动机在较短时间内冒蓝烟，而油底壳内机油未见减少，这是湿式空气滤清器油面过高或滤清器堵塞，使空气滤清器中的机油被吸入气缸所致，则应及时清洗或更换滤芯。

3）发动机大负荷运转时，若排气管大量排蓝烟，而机油加注口无烟雾冒出，这是飞溅到气门杆上的机油，沿气门杆与导管的间隙被吸入燃烧室的结果，则应及时更换气门杆油封或气门导管。

4）检查外部有无泄漏，特别是油底壳、曲轴前后端及凸轮轴后端油堵是否漏油。

5）若发动机气缸盖罩、气门室盖、油底壳衬垫和发动机前后油封等多处有机油渗漏，则应检查曲轴箱通风装置。

6）对于采用空气压缩机的汽车，若从储气筒的放污螺塞处放出较多的机油，则为空气压缩机的活塞、活塞环与气缸壁磨损严重，应及时维修活塞、活塞环与气缸壁。

7）若机油滤清器盖和一些管道接头处经过紧固后还是漏油，则应注意机油压力是否过高，应检查机油限压阀是否失灵。

4. 机油压力过高

1）抽出机油尺观察机油黏度是否过大，当黏度过大时应更换合适的机油。

2）对于新维修的发动机，应考虑各轴承是否过紧，应重新检查调整。

3）检查主、副油道和机油泵安全阀弹簧的刚度是否过大。调压阀柱塞结胶黏结也会使安全阀不能打开，对此应及时予以调整、清洗和更换。

4）对于使用已久且保养不及时的发动机，应检查和清洗油道和喷油嘴，排除油道出口阻塞的故障。

5. 机油压力过低

1）发现机油压力过低时，应立即熄火排除故障。

2）检查机油黏度是否过大，限压阀是否调整不当（弹簧是否过硬）；对于新装的发动机，应检查主轴承、连杆轴承或凸轮轴是否间隙过大。

3）若机油压力突然降低，而未见其他异常现象，则应检查机油压力传感器及导线是否有搭铁故障，检查机油压力表、传感器是否完好。

1.5.2 冷却系统故障诊断方法

1）从外表检查发动机冷却液是否充足，检查散热器、水泵、气缸体、水管、橡胶软管和放水开关的损坏情况，观察其是否漏水以及水泵传动带是否太松、风扇叶是否损坏等。

2）检查百叶窗开度是否充足。

3）检查风扇的转速和风量是否正常。

4）检查节温器有否工作不良导致冷却液量循环不足。把节温器拆下来，将节温器放在装有水的铁盘上，然后加热，同时把玻璃温度计放在水中测试，观察温度计上的读数与节温器额定开启温度是否相符。若排水量明显增多，则应进一步检查节温器；若排水量不变，则应进一步检查水泵的工作性能、气缸体内的水垢是否过多等。

5）检查散热器各部温度是否均匀，如果不均应检查散热器内芯管是否被堵塞。

6）检查发动机的水套内是否积垢太多。

7）若发动机及冷却液温度正常，而冷却液温度表指示冷却液温度过高，则应用仪器检测 ECU 是否控制失准和冷却液温度传感器工作情况，检查冷却液温度表、冷却液温度传感器及控制电路是否正常。

1.6 排放控制系统单个故障诊断排除

1.6.1 曲轴箱通风系统的作用、组成及工作原理

1. 作用

为了解决窜缸混合气对机油的稀释及排放污染，在曲轴箱和进气歧管之间安装一根管子，利用进气歧管的吸力，将曲轴箱内的窜缸混合气吸入进气歧管进入气缸燃烧。

2. 组成及工作原理

如图 1-5 所示，在曲轴箱（气缸盖罩）和进气歧管之间安装一个曲轴箱强制通风阀（PCV）。根据进气歧管真空度来改变允许进入气缸重新燃烧的窜缸混合气量。其工作过程如下：

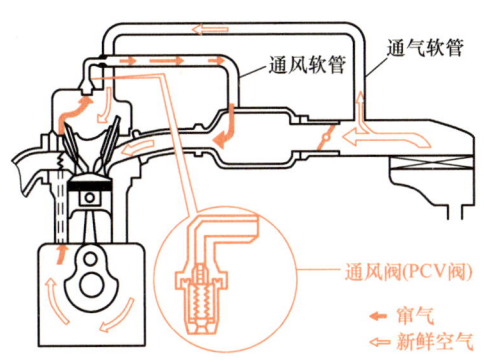

图 1-5 曲轴箱强制通风系统

1）发动机停机或回火时（图1-6），在PCV阀自身重量的作用下，PCV阀关闭。

2）发动机怠速运转或减速时（图1-7），进气歧管真空度很大，PCV阀向上移动（打开）。但由于真空通道仍然狭窄，所以窜缸混合气量还很少。

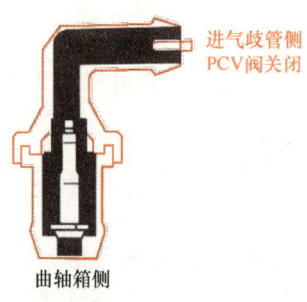

图1-6　PCV阀在发动机停机或回火时　　　图1-7　PCV阀在发动机怠速运转或减速时

3）发动机正常运转时（图1-8），进气歧管真空度正常，真空通道较宽，PCV阀部分打开。

4）发动机加速或大负荷时（图1-9），PCV阀完全打开，真空通道也完全打开。此时，尽管实际产生的窜缸混合气很多，但全负荷时，PCV阀允许通过的窜缸混合气仍很少，因此，当产生的窜缸混合气超过PCV阀吸入能力时，部分窜缸混合气通过连接空气滤清器和气缸盖罩的管道，从空气滤清器吸入进气歧管。

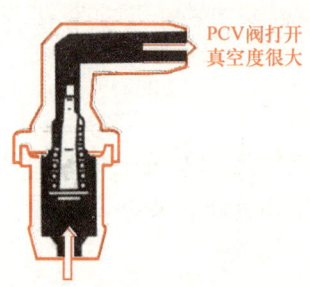
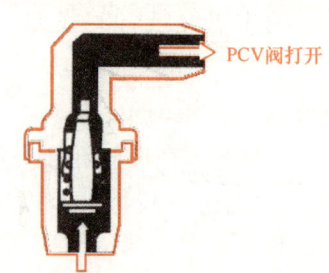

图1-8　PCV阀在发动机正常运转时　　　图1-9　PCV阀在发动机加速或大负荷时

1.6.2　燃油蒸发控制系统的作用、组成及工作原理

1. 作用

汽油蒸气排放控制系统的作用是收集汽油箱和浮子室（化油器式汽油机）内蒸发的汽油蒸气，并将汽油蒸气导入气缸参加燃烧，从而防止汽油蒸气直接排入大气而造成污染。同时，还必须根据发动机工况，控制导入气缸参加燃烧的汽油蒸气量。

2. 组成及工作原理

汽油蒸气排放控制系统如图1-10所示。活性炭罐与油箱之间设有排气管和单向阀，汽油箱内的汽油蒸气超过一定压力时，顶开单向阀经排气管进入活性炭罐，活性炭罐内的活性炭将燃油蒸气吸附在炭罐内。发动机工作时，活性炭罐内的汽油蒸气经定量排放孔、吸气管被吸入进气歧管。活性炭罐的上端设有一个真空控制阀，真空控制阀为一膜片阀，膜片上方为真空室，真空控制阀用来控制定量排放孔的开闭。真空控制阀与进气歧管之间的真空管路中设有受ECU控制的电磁阀，用以调节真空控制阀上方真空室的真空度，改变真空控制阀的开度，从而控制吸入进气歧管的汽油蒸气量。为防止活性炭罐内的燃油蒸气被吸入进气歧管后使混合气变浓，在活性炭罐的下方设有进气滤芯并与大气相通，使部分清洁空气与活性炭罐内的燃油蒸气一起被吸入进气歧管。

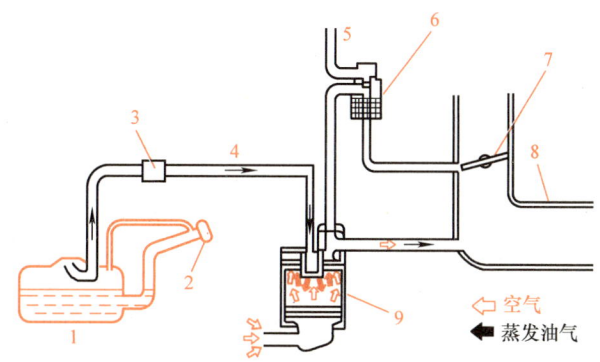

图1-10 汽油蒸气排放控制系统

1—油箱　2—油箱盖　3—单向阀　4—蒸气通气管路　5—接大气
6—活性炭罐控制电磁阀　7—节气门　8—进气歧管　9—活性炭罐

1.6.3 废气再循环系统的作用、组成及工作原理

1. 作用

废气再循环系统的作用是将适量的废气重新引入气缸参加燃烧，从而降低气缸内的最高温度，以减少NO_x的排放量。此外，为保证发动机正常工作，必须根据发动机工况的变化，控制废气再循环量。

2. 组成及工作原理

目前采用ECU控制的废气再循环系统主要有两种类型：开环控制废气再循环系统和闭环控制废气再循环系统。

（1）开环控制废气再循环系统　开环控制废气再循环系统如图1-11所示，主要由废气再循环阀和废气再循环电磁阀等组成。废气再循环阀安装在废气再循环通道中，用以控制废气再循环量。废气再循环电磁阀安装在通向废气再循环阀的真空通道中，ECU根据发动机冷却液温度、节气门开度、转速和起动等信号来控制电磁阀的通电或断电。ECU不给废气再循环电磁阀通电时，控制废气再循环阀的真空通道接通，废气再循环阀开启，进行废气再循环；ECU给废气再循环电磁阀通电时，控制废气再循环阀的真空通道被切断,废气再循环阀关闭,停止废气再循环。

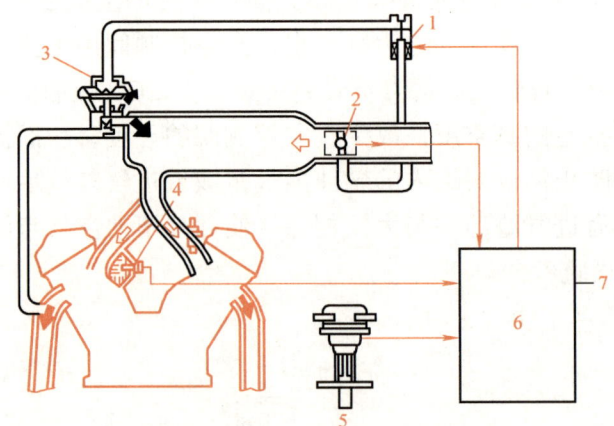

图 1-11 开环控制废气再循环系统

1—废气再循环电磁阀　2—节气门　3—废气再循环阀　4—冷却液温度传感器
5—曲轴位置传感器　6—ECU　7—起动信号

(2)闭环控制废气再循环系统　在闭环控制废气再循环系统中,检测实际的废气再循环率或废气再循环阀开度作为反馈控制信号,其控制精度更高。

用废气再循环阀开度作为反馈信号的闭环控制废气再循环系统如图 1-12 所示。与采用占空比控制型电磁阀的开环控制废气再循环系统相比,只是在废气再循环阀上增设了一个废气再循环阀开度传感器。闭环控制废气再循环系统工作时,ECU 可根据废气再循环阀开度传感器的反馈信号修正电磁阀的开度,使废气再循环率保持在最佳值。

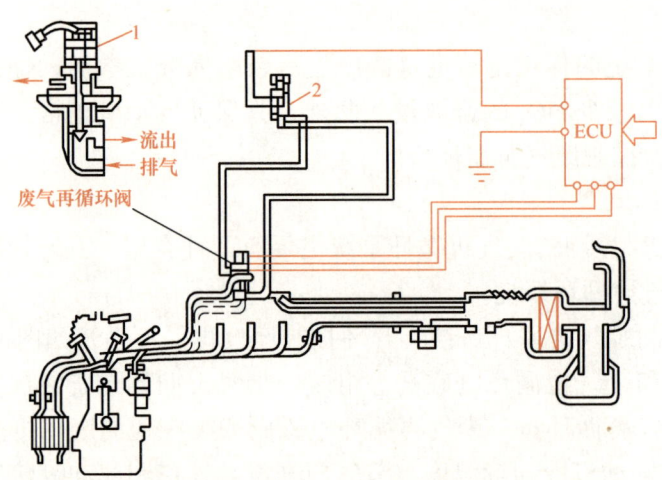

图 1-12 用废气再循环阀开度作为反馈信号的闭环控制废气再循环系统

1—废气再循环阀开度传感器　2—废气再循环电磁阀

废气再循环阀开度传感器为电位计式，其工作原理与电位计式节气门位置传感器类似。废气再循环阀开度传感器与ECU之间有三条连接线路，分别为电源线、搭铁线和信号线，ECU通过电源线给传感器提供5V的标准电压，传感器将废气再循环阀开启高度变化转换为电信号经信号线输送给ECU。

用废气再循环率作为反馈信号的闭环控制废气再循环系统中，ECU根据废气再循环率传感器信号对废气再循环电磁阀实行反馈控制，其控制原理如图1-13所示。废气再循环率传感器安装在进气总管中的稳压箱上，新鲜空气经节气门进入稳压箱，参与再循环的废气经废气再循环电磁阀进入稳压箱，传感器检测稳压箱内气体中的氧浓度（氧浓度随废气再循环率的增加而降低），并转换成电信号输送给ECU，ECU根据此反馈信号修正废气再循环电磁阀的开度，使废气再循环率保持在最佳值。

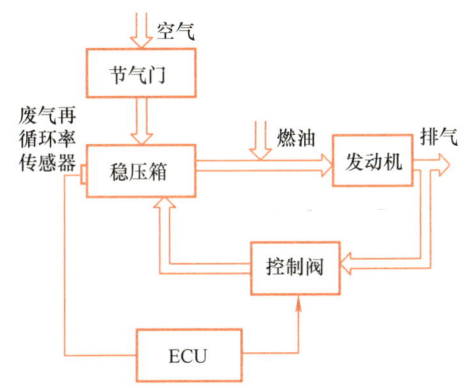

图1-13　用废气再循环率反馈控制的废气再循环系统

1.6.4　三元催化转换器的作用、组成及工作原理

1. 作用

三元催化转换器安装在排气管中部，其作用是利用转换器中的三元催化剂，将发动机所排废气中的有害气体转变为无害气体。

2. 组成及工作原理

三元催化转换器一般为整体不可拆卸式。日本丰田雷克萨斯LS400轿车的三元催化转换装置如图1-14所示。该车型装V型发动机，左右排气管上各装一个三元催化转化器。目前，三元催化转化器内装用的三元催化剂一般为铂（或钯）与铑贵重金属的混合物。

发动机排出的废气流经三元催化转化器时，三元催化剂不仅可使废气中的HC和CO有害气体进一步氧化，生成无害气体CO_2和H_2O，而且能促使废气中的NO_x与CO反应生成无害的CO_2和N_2气体。

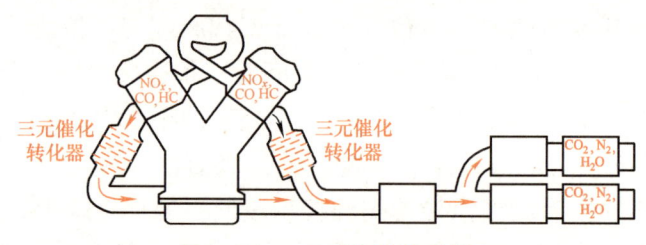

图1-14 三元催化转换装置

1.6.5 氧传感器的作用、组成及工作原理

1. 作用

氧传感器用于电子控制燃油喷射装置的反馈控制系统,用来检测排气中的氧浓度与空燃比的大小,在发动机内进行理论空燃比(14.7:1)燃烧的监控,并向电脑输送反馈信号。

2. 组成及工作原理

氧传感器有二氧化锆式氧传感器和二氧化钛式氧传感器,其均安装在发动机排气管上。

(1)二氧化锆式氧传感器 二氧化锆式氧传感器(图1-15)的基本元件是专用陶瓷体,即二氧化锆(ZrO_2)固体电解质。将陶瓷体制成试管式的管状,也称锆管。

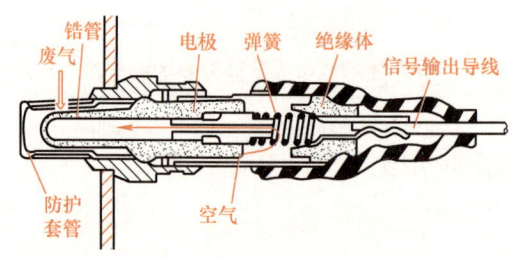

图1-15 二氧化锆式氧传感器

锆管固定在带有安装螺钉的固定套中,锆管内外表面都覆盖着一层多孔性的铂膜作为电极。锆管内表面电极与大气相通,外表面则与废气接触。为了防止废气中的杂质腐蚀铂膜,在锆管外表的薄膜上覆盖着一层多孔的氧化铝保护层,并且还加装一个防护套管。氧传感器的接线端有一个金属保护套,其上开有一孔,用于锆管内表面与大气相通,导线将锆管内表面电极经绝缘套从传感器引出。

为了保证氧传感器具有稳定的输出信号,必须保证氧传感器处于300℃以上的环境工作。因此,许多氧传感器增设了加热器。

二氧化锆式氧传感器的工作原理(图1-15)如下:二氧化锆是一种具有氧离子传导性的固体电解质,二氧化锆在高温下具有这样一种特性,即当内外侧的氧浓度差较大时，就会产生电动势。大气一侧和汽车排出废气一侧的氧气浓度及氧气分压是不同的。氧离子从氧气分压高的一侧（大气侧）移向氧气分压低的一侧（汽车排出废气侧），从而在电极之间产生电动势。

当空燃比较小时，排放气体中的氧气比较少，大气中的氧离子通过二氧化锆管后产生电压；反之，当空燃比较大时，氧气浓度很高，产生的电压很低。

（2）二氧化钛式氧传感器 二氧化钛式氧传感器的外形和二氧化锆式氧传感器相似，如图1-16所示。传感器前端的护罩内是一个二氧化钛厚膜元件。纯二氧化钛在常温下是一种高电阻的半导体，但表面一旦缺氧，其晶格便出现缺陷，电阻也随之减小。

二氧化钛的电阻随温度不同而变化，因此在二氧化钛式氧传感器内部也有一个电加热器，以保持二氧化钛式氧传感器在发动机工作过程中的温度恒定不变。

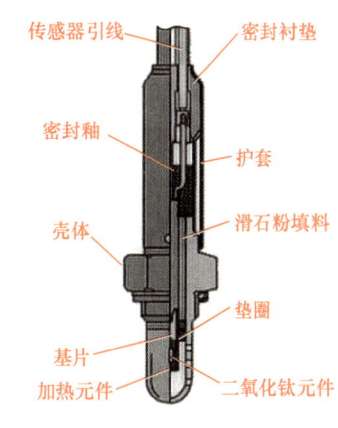

图1-16 二氧化钛式氧传感器

当发动机的可燃混合气浓时，排出废气中的氧离子含量较少，二氧化钛管外表面氧离子很少或没有氧离子，二氧化钛呈现低阻状态；当发动机的可燃混合气稀时，排出废气中的氧离子含量较多，二氧化钛管外表面的氧离子浓度较大，二氧化钛呈现高阻状态。氧传感器的电阻发生改变，使得与电控单元连接的氧传感器负极上的电压降也产生变化。当氧传感器负极上的电压高于参考电压时，电控单元判定混合气浓度过高，于是就控制喷油器逐渐减少喷油量。

通过这样的反馈控制，使混合气的浓度保持在理论空燃比附近的狭小范围内。

1.7 技能训练

技能训练一　诊断排除气门异响故障

1. 实训要求

1）掌握气门异响故障现象、原因。

2）掌握气门异响故障排除方法。

2. 主要实训器材

1）实训发动机。

2）常用修理工具。

3）机械故障听诊器。

4）塞尺。

3. 故障现象

1）发动机怠速运转时，发出连续不断且有节奏的"嗒嗒"声。

2）发动机转速增高时，响声也随着增高，而且变得有些杂乱。

3）发动机温度变化时，响声不变化。

4. 故障原因

1）气门杆端和调整螺钉或摇臂磨损。

2）气门调整不当。

3）凸轮磨损过量，运转中挺柱产生跳动。

4）气门座圈脱落。

5）气门导管积炭过多而咬住气门。

6）气门挺柱固定螺母松动或调整螺栓端面不平（仅限于以前使用的侧置气门式或凸轮轴中置式配气机构）。

5. 故障诊断与排除

1）在气门室罩处听察，声响随着发动机转速的变化而变化，并且有明显和有节奏的"嗒嗒"声。若稍加速，响声更明显，逐渐加速时，响声随转速的提高节奏加快，但在发动机温度变化或用断火试验时响声无变化。气门异响的诊断如图1-17所示。

2）拆下气门室盖（罩），检查气门间隙。若气门间隙过大，应进行调整。若气门间隙正常，说明气门杆端处润滑不良、气门与气门导管配合间隙太大或气门座圈松动。

3）往发响的气门杆端处加少许机油，起动发动机并怠速运转。若响声减弱或消失，说明响声是润滑不良所致，应疏通油道。若响声不减弱，说明气门座圈松动，应拆下重新镶配。气门具体部位响声诊断如图1-18所示。

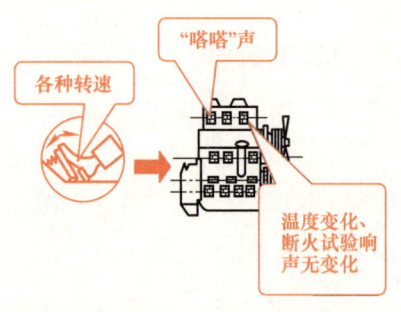

图1-17 气门异响的诊断

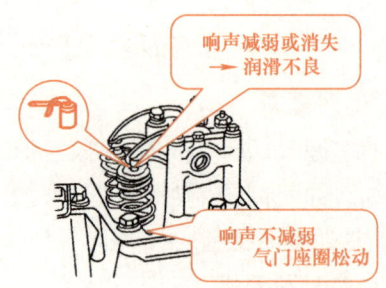

图1-18 气门具体部位响声诊断

技能训练二　诊断排除连杆轴承异响故障

1. 实训要求
1）掌握连杆轴承异响故障现象、原因。
2）掌握连杆轴承异响故障排除方法。

2. 主要实训器材
1）实训发动机。
2）常用修理工具。
3）机械故障听诊器。

3. 故障现象
它是一种较重而短促的金属敲击声。急速时，响声较小；中速时，较为明显；突然加速时，响声随发动机转速突然升高，响声清脆短促；断火后，响声明显减弱或消失；发动机温度升高后，响声无明显变化；当负荷增加时，响声加剧。

4. 故障原因
1）连杆轴承盖的连接螺栓松动。
2）连杆轴承合金烧毁或脱落。
3）轴承和轴颈磨损严重。
4）机油压力低或油稀而润滑不良。

5. 故障诊断与排除
1）发动机急速运转时，其声响为短促的"嗒嗒"声，发动机由急速升至中、高速时，声响连续且更清晰，随着转速的升高，敲击声更为突出，若在机油加注口处察听，声响为清脆的"喤喤"声。连杆轴承异响的诊断如图1-19所示。
2）利用单缸断火法试验。如图1-20所示，若某缸断火后声响减弱或消失，且在复缸的同时响声又立刻出现，说明是该缸的连杆轴承异响。

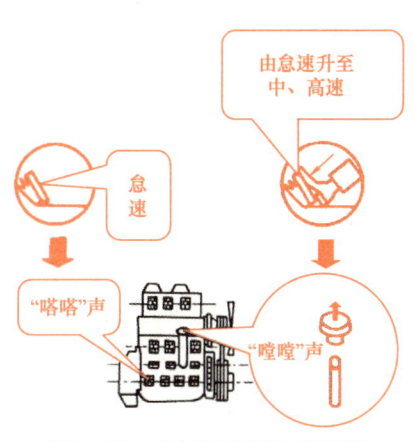

图1-19　连杆轴承异响的诊断

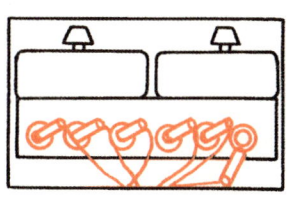

a）断火时响声减弱或消失

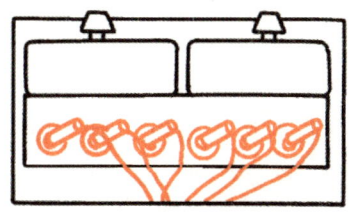

b）复缸时响声立刻出现

图1-20　单缸断火法试验

3）若声响混杂，出现"咯楞、咯楞"或"哗啦、哗啦"的声响，再用断火法检查单缸和双缸，若声响减弱或消失，说明多缸连杆轴承和轴颈磨损严重或连杆轴承盖的连接螺栓松动。

4）当发动机温度变化时，在任何转速情况下，都发出有节奏的"铛铛"声，且气缸盖抖动很强，做断火和复火试验都一样，则可断定是轴承合金层烧毁、熔化或脱落。

技能训练三　诊断排除活塞敲缸响故障

1. 实训要求

1）掌握活塞敲缸响故障现象、原因。
2）掌握活塞敲缸响故障排除方法。

2. 主要实训器材

1）实训发动机。
2）常用修理工具。
3）机械故障听诊器。

3. 故障现象

1）发动机冷车起动并怠速运转时，在气缸上部发出清晰、明显、有规律的"嗒嗒"声，中速以上运转时，响声消失。
2）当发动机温度低时，响声明显；正常工作温度下，响声减弱或消失。
3）单缸断火，响声消失。
4）发动机火花塞跳火一次，发响两次。

4. 故障原因

1）活塞与缸壁磨损，造成间隙过大（初期）。
2）起动时润滑不良。
3）机油压力过低，致使缸壁润滑不良。

5. 故障诊断与排除

1）发动机在冷车起动运转后，发出有节奏的"嗒嗒"声，将发动机转速控制在响声明显的范围内（怠速），察看机油加注口处是否冒烟，排气管处是否冒蓝烟，并用试棒触在机油加注口处的缸壁上，听其是否有振动的敲击声。若有以上情况，则为活塞敲缸响。活塞敲缸响的诊断如图1-21所示。

2）逐缸断火试验。如图1-22所示，若某缸断火后声响减弱或消失，复火时声响明显增大，一两声响后又恢复到原来的声响，当发动

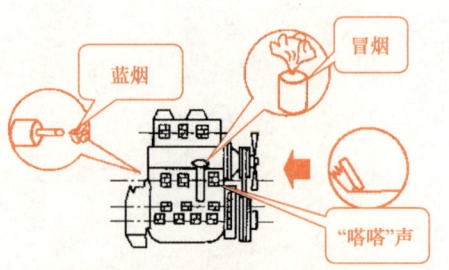

图1-21　活塞敲缸响的诊断

机温度升高后,声响由弱至消失,则说明活塞裙部与缸壁敲击产生响声。

3)若多只活塞敲缸,将发响的气缸断火,原来的声响会减弱。将怀疑有敲击声的气缸上的火花塞拆卸下来,用油壶向缸内注入少量机油,慢慢摇转发动机,使机油附于气缸壁和活塞之间,然后起动发动机察听声响。若敲击声减弱或消失,但不久后又出现,说明该缸响,如图1-23所示。若敲击声仅发生在冷车工作时,而发动机温度升高后即消失,尚可继续使用,伺机进行修理。

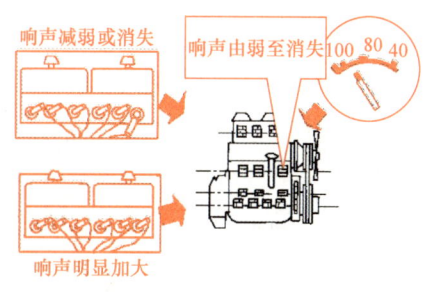

图1-22 断火试验法

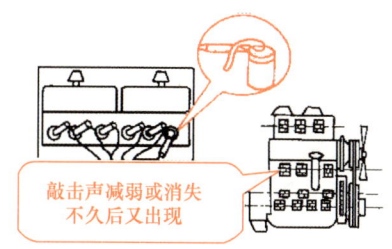

图1-23 向缸内注入机油

技能训练四 诊断排除发动机燃油压力不足故障

1. 实训要求

1)掌握发动机燃油压力不足故障现象、原因。
2)能够排除发动机燃油压力不足故障。

2. 主要实训器材

1)上海桑塔纳2000GSi时代超人轿车。
2)常用修理工具。
3)燃油压力表。

3. 故障现象

点火系统工作正常,但发动机不能起动。

4. 故障原因

1)油箱存油不足。
2)油管堵塞、漏油。
3)燃油滤清器堵塞。
4)燃油压力调节器损坏。
5)燃油泵不工作。
6)燃油泵继电器损坏。

5. 故障诊断与排除

（1）检查油箱和油管

检查油箱是否有油，若存油量过少，则予以补足；检查油管是否堵塞、破裂或接头松动漏油，若有异常予以修复或更换

（2）检查燃油滤清器

拆下燃油滤清器，检查是否堵塞或失效。若有异常，则应更换燃油滤清器

备注：燃油滤清器集成于油泵总成中，一般位于后排座椅下，拆卸燃油滤清器时需要拆除整个油泵；也有的安装在底盘上

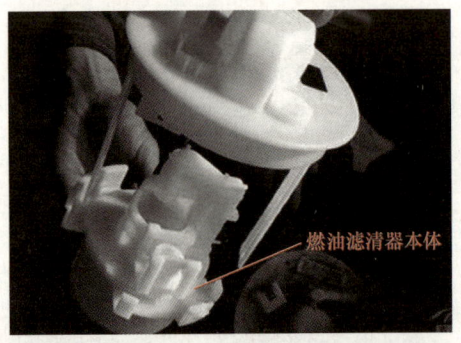

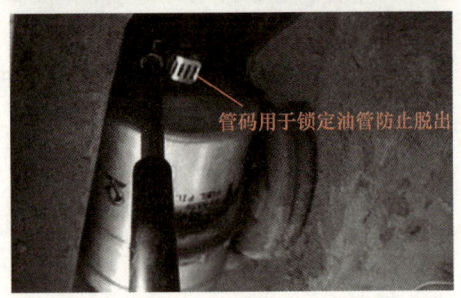

（3）检查燃油泵是否工作

1）用一根导线将故障诊断插座内两个燃油泵检测插孔短接（丰田轿车燃油泵检测插孔为FP和+B）。将点火开关置于ON（但不起动发动机），油泵将运转

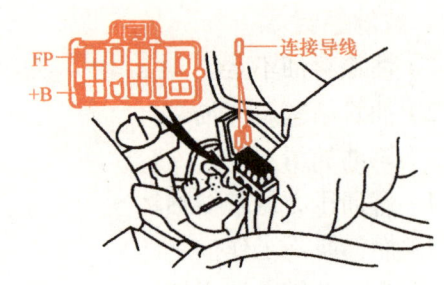

（续）

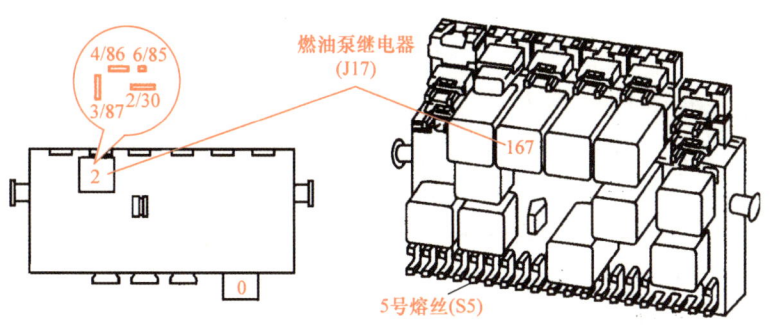

说明：上海桑塔纳2000GSi时代超人轿车可拔下装在中央控制盒上2号位置的燃油泵继电器，并用一根金属导线将燃油泵继电器插座30、87引脚短接，此时燃油泵应运转

2）打开油箱盖，仔细听有无燃油泵运转的声音。若听不清或无燃油泵运转的声音，则可以用手检查进油软管有无压力。若听不见燃油泵运转的声音，也感觉不到进油管的压力，则说明电动燃油泵不工作

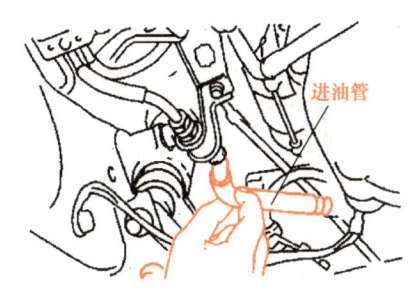

3）检查电动燃油泵熔丝有无烧断，燃油泵继电器有无损坏，控制电路有无断路。若上述检查都正常，则应拆检或更换燃油泵

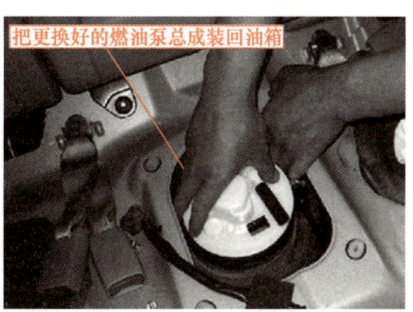

（4）检测燃油泵最大压力和保持压力

1）释放燃油系统的油压后，将油压表接在燃油管路上，并将出油口塞住。

2）用上述短接及将点火开关置 ON 的方法使电动燃油泵工作，同时读出油压表的压力，该压力称为电动燃油泵的最大压力，其值应比发动机运转时的燃油压力高 200~300kPa，一般为 490~640kPa。若不符合标准值，则应更换电动燃油泵。

3）关闭点火开关，5min 后再观察油压表的压力，此时的压力称为电动燃油泵的保持压力，其值应大于 340kPa。若不符合标准值，则应更换电动燃油泵。

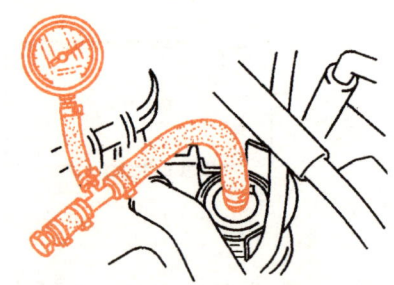

（5）检测燃油压力

如果上述检查都正常，则应对燃油压力进行检测

1）释放燃油系统的油压

2）安装燃油压力表

3）让电动燃油泵运转，读出燃油压力表指示的压力值，该值应不小于 350kPa。若不符合，则应用包上软布的钳子夹住燃油压力调节器的回油管再试，如果此时燃油压力达到标准值，则应更换燃油压力调节器

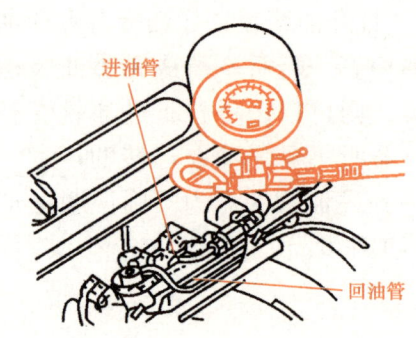

技能训练五　诊断排除发动机怠速不稳故障

1. 实训要求

1）掌握发动机怠速不稳故障现象、原因。

2）能够排除发动机怠速不稳故障。

2. 主要实训器材

1）上海桑塔纳 2000GSi 时代超人轿车。

2）常用修理工具。

3）数字式万用表。

4）431解码器。

5）燃油压力表。

3. 故障现象

发动机起动正常，但不论冷车起动或热车起动，怠速均不稳定，怠速转速过低，易熄火。

4. 故障原因

1）气缸压缩压力过低。

2）燃油压力过低。

3）进气系统漏气。

4）空气滤清器堵塞。

5）空气流量计有故障。

6）怠速控制装置工作不良。

7）怠速调整不当。

8）喷油器雾化不良、漏油或堵塞。

5. 故障诊断与排除

1）检查进气系统各管接头、各真空软管、废气再循环系统和燃油蒸发回收系统有无漏气

2）进行故障自诊断，检查有无故障码。若有故障码，则按所显示的故障码查找故障原因和故障部位

（续）

3）检查怠速控制装置的工作是否正常。拔下怠速控制装置导线插接器，如果发动机转速无变化，则说明怠速控制装置或控制电路有故障，应检修电路或更换怠速控制装置

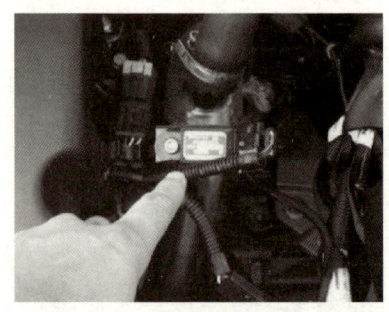

4）仔细察听各缸喷油器在怠速时的工作声音。如果各缸喷油器的工作声音不均匀，则说明各缸喷油器喷油不均匀，应拆检、清洗或更换喷油器

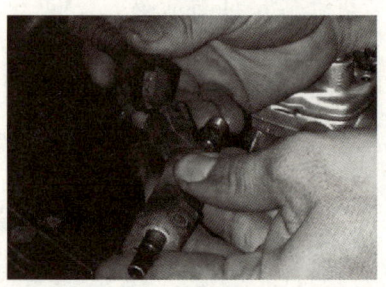

5）检查燃油压力。怠速时的燃油压力应为250kPa左右。若燃油压力太低，则应检查油压调节器、电动燃油泵、燃油滤清器等

6）按规定的程序，调整发动机怠速

此孔内螺钉为怠速调节

（续）

7）检查翼板式或量芯式空气流量计有无卡滞。如不良，应更换

8）检查气缸压缩压力。如果压力低于0.8MPa，则应拆检发动机

技能训练六　诊断排除发动机加速不良故障

1. 实训要求
1）掌握发动机加速不良故障现象、原因。
2）能够排除发动机加速不良故障。

2. 主要实训器材
1）上海桑塔纳2000GSi时代超人轿车。
2）常用修理工具。
3）数字式万用表。
4）431解码器。
5）燃油压力表。
6）点火正时枪。

3. 故障现象
1）踩下加速踏板后发动机转速不能马上升高，有迟滞现象，加速反应迟缓。
2）在加速过程中发动机有轻微的抖动。

4. 故障原因
1）燃油压力过低。

2）节气门位置传感器有故障。

3）进气系统漏气。

4）空气流量计有故障。

5）喷油器工作不良。

6）点火提前角不正确。

7）废气再循环工作不正常。

5. 故障诊断与排除

1）进行故障自诊断，检查有无故障码。空气流量计、节气门位置传感器等故障都会影响汽车的加速性能。按显示的故障码查找故障原因和故障部位

2）检查点火正时。在发动机怠速时点火提前角应为10°~15°，若不正确，则应调整发动机的初始点火提前角。加速时点火提前角应能自动加大到20°~30°，若有异常，则应检查点火控制系统或更换ECU

3）检查进气系统有无漏气。测量进气管真空度，怠速时真空度应大于66.7kPa。如果真空度太小，则说明进气系统有漏气，应仔细检查各进气管接头处及各软管、真空管等

（续）

4）检查空气滤清器。若有堵塞，则应清洗或更换	
5）检查节气门位置传感器	
6）检查燃油压力。怠速时燃油压力应为250kPa左右，加速时燃油压力应能上升至300kPa左右。若燃油压力过低，则应检查油压调节器、电动燃油泵等	
7）拆卸、清洗各喷油器。检查喷油器在加速工况下的喷油量。如有异常，应更换喷油器	

（续）

8）检测空气流量计。如有异常,应更换

9）对于设有废气再循环系统的发动机,可以拔下废气再循环阀上的真空软管,并将其塞住,然后再检查发动机的加速性能。如果此时加速性能恢复正常,则说明废气再循环系统工作不正常,再循环的废气量太大,影响了发动机的加速性能。对此,应检查废气调整阀、三通电磁阀工作是否正常。如有异常,应更换

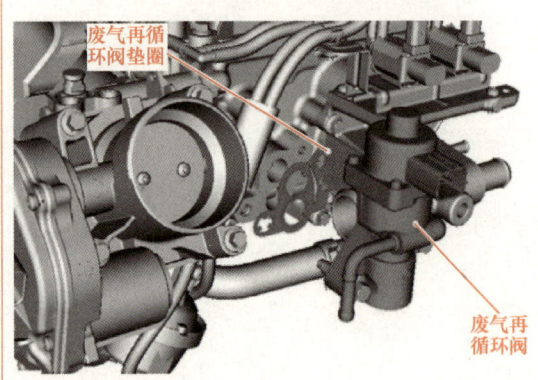

技能训练七　诊断排除发动机起动困难故障

1. 实训要求

1）掌握发动机起动困难故障现象、原因。

2）能够排除发动机起动困难故障。

2. 主要实训器材

1）上海桑塔纳 2000GSi 时代超人轿车。

2）常用修理工具。

3）数字式万用表。

4）431 解码器。

5）燃油压力表。

3. 故障现象

起动时曲轴转动速度正常,但需要较长时间才能起动,或有明显着车征兆而不能起动。

4. 故障原因

1）空气供给装置有漏气部位。

2）燃油供给装置供油压力太低。

3）空气滤清器滤芯堵塞。
4）冷却液温度传感器工作不良。
5）空气流量计有故障。
6）怠速控制阀或附加空气阀工作不良。
7）喷油器漏油或雾化不良。
8）气缸压力过低。
9）冷起动喷油器不工作。
10）点火正时不正确。

5. 故障诊断与排除

1）进行故障自诊断，检查有无故障码。根据故障码检修故障部位

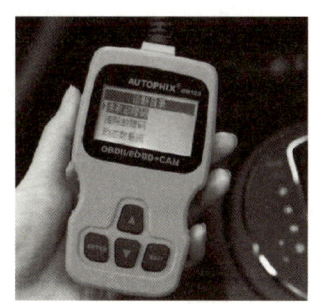

2）用数字式万用表检查冷却液温度传感器的阻值或信号，若不正常，则应检查传感器、电路、插接件

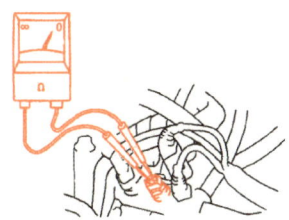

3）检查进气温度传感器、电路、插接件

（续）

4）检查喷油器的喷雾质量，若喷油器喷雾不良，则应清洗或更换喷油器

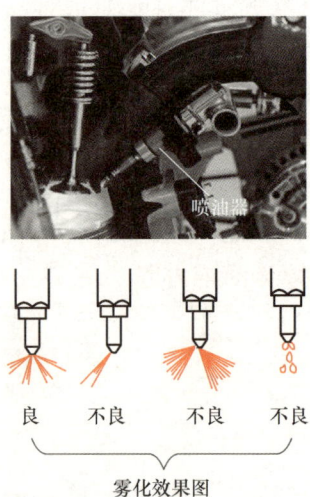

5）若喷油器喷雾良好，则应检查怠速控制阀的动作，清洗怠速空气通道及旁通道的积炭

6）检查冷起动喷油器、控制电源、温控开关和电路

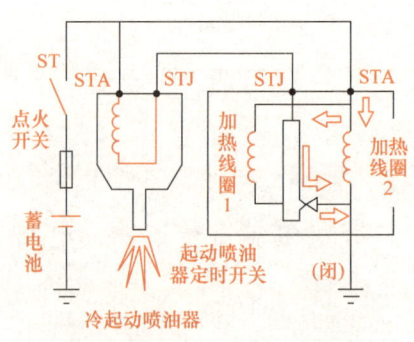

冷起动喷油器定时开关控制电路

技能训练八　诊断排除混合气浓度过高故障

1. 实训要求

1）掌握混合气浓度过高故障现象、原因。

2）能够排除混合气浓度过高故障。

2. 主要实训器材

1）实训轿车。

2）常用修理工具。

3）数字式万用表。

4）431 解码器。

5）燃油压力表。

3. 故障现象

1）发动机怠速不稳。

2）排气管冒黑烟且伴有"突突突"的放炮声。

3）发动机功率下降，油耗增加。

4）火花塞有大量的积炭。

4. 故障原因

1）燃油压力过高。

2）个别喷油器连续喷油。

3）喷油器漏油。

4）冷起动喷油器漏油或冷起动控制失常。

5）冷却液温度传感器工作失常。

6）节气门位置传感器工作失常。

7）空气流量计或进气压力传感器工作失常。

8）氧传感器失效。

5. 故障诊断与排除

1）检测冷却液温度传感器，其在不同温度下的电阻值应符合标准。若电阻值大于实际温度下的电阻值，则会使 ECU 误认为发动机处于低温状态，从而进行冷车加浓控制，使混合气浓度过高

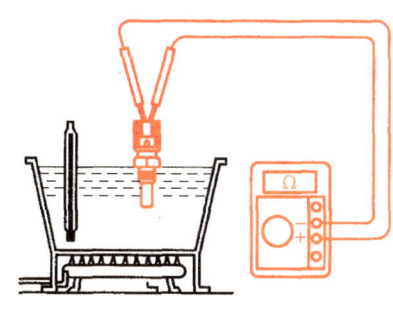

（续）

2）检测空气流量计或进气压力传感器，其数值应符合标准。空气流量计或进气压力传感器的误差直接影响喷油量，若检测结果有异常，则应更换空气流量计或进气压力传感器

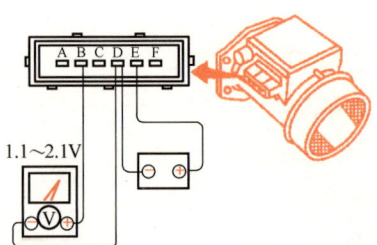

3）检查节气门位置传感器

① 对于开关式节气门位置传感器，在节气门处于中小开度时，全负荷开关应断开。若全负荷开关始终闭合或闭合时间过早，则会使ECU始终或过早地进行全负荷加浓，从而使混合气浓度过高

② 对于线性式节气门位置传感器，则应检查各工况的输出信号是否符合标准值。若有异常，应予以更换

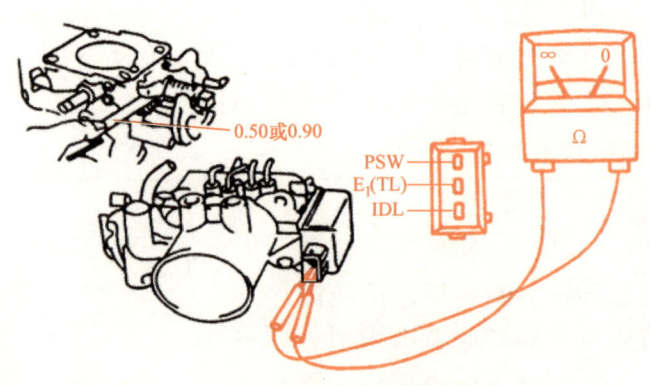

节气门位置传感器端子间导通性检查

（续）

4）检测燃油压力。怠速时的燃油压力应为250kPa左右。随着节气门的开启，燃油压力应逐渐上升，节气门全开时的燃油压力为300kPa左右。若燃油压力能随节气门开度变化而改变，但压力始终偏高，则说明油压调节器有故障，应更换。若燃油压力不能随节气门开度变化而改变，则说明油压调节器的真空软管破裂或脱落，或燃油压力调节控制电磁阀有故障，使进气管真空度没有作用在油压调节器的真空膜片室上，导致油压过高。对此，应更换软管或电磁阀

5）对于带有冷起动喷油器的电喷发动机，应检查冷起动喷油控制是否正常。将电压表或试灯接在冷起动喷油器线束插头上，检查发动机起动时冷起动喷油器工作的持续时间是否符合标准值。若工作时间过长或起动后一直工作，则说明冷起动喷油控制失常，应检查冷起动定时开关控制电路

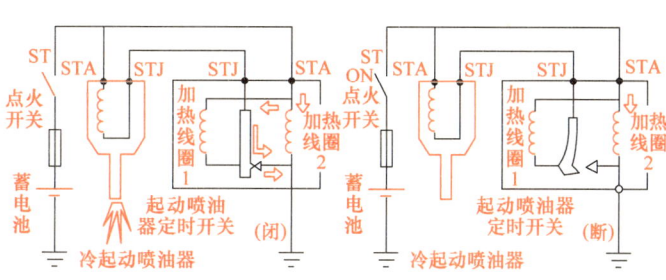

丰田车系冷起动定时开关控制电路

（续）

6）拆卸喷油器，检查各喷油器有无漏油。如有异常，应清洗或更换喷油器	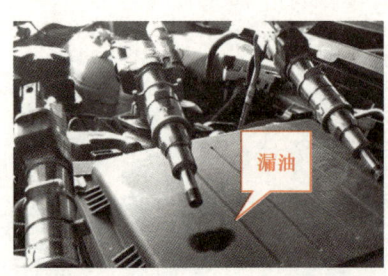 漏油
7）检查氧传感器是否损坏，如损坏，应及时更换	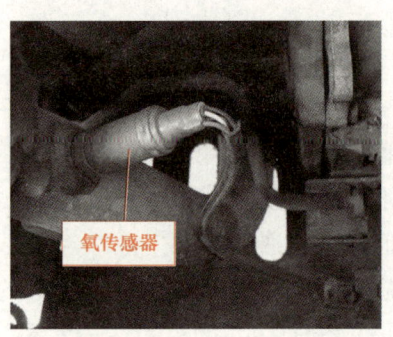 氧传感器

技能训练九　诊断排除混合气浓度过低故障

1. 实训要求
1）掌握混合气浓度过低故障现象、原因。
2）能够排除混合气浓度过低故障。

2. 主要实训器材
1）实训轿车。
2）常用修理工具。
3）数字式万用表。
4）431解码器。
5）燃油压力表。

3. 故障现象
1）发动机不易起动。
2）发动机功率下降，温度过高。
3）发动机转速不易提高，加速时有回火现象。

4. 故障原因
1）燃油压力过低。
2）进气系统漏气。

3）喷油器堵塞或雾化不良。
4）冷却液温度传感器工作失常。
5）节气门位置传感器工作失常。
6）空气流量计或进气压力传感器工作失常。
7）氧传感器失效。

5. 故障诊断与排除

1）检查进气系统有无漏气现象：
① 检查进气管接头是否松动漏气
② 检查进气管是否破裂
③ 检查进气歧管上的真空管有无脱落或折断

2）进行故障自诊断，检测有无故障码。若有故障码，则按故障码查找故障原因

3）检测冷却液温度传感器，其在不同温度下的电阻值应符合标准。若电阻值小于实际温度下的电阻值，则会使ECU误认为发动机处于高温状态，从而进行稀释控制，使混合气浓度过低

（续）

4）检测空气流量计或进气压力传感器，其数值应符合标准。若检测结果有异常，则应更换空气流量计或进气压力传感器

5）检查节气门位置传感器。在节气门处于全负荷时，全负荷开关应闭合。若闭合时间过迟或不能闭合，则会使ECU过迟或不能进行全负荷加浓，从而使混合气浓度过低

6）检测燃油压力。若燃油压力过低，则应进一步检查电动燃油泵、燃油压力调节器、燃油滤清器等

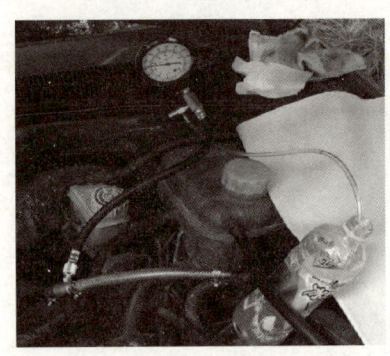

7）拆检喷油器：
① 检测喷油器的喷油是否正常。若喷油器的喷油量小于规定值或雾化不良，则应清洗或更换喷油器

(续)

② 检查喷油器滤网和喷口是否堵塞。若有异常，则应清洗或更换喷油器 **注意**：喷油嘴的针阀和阀体之间的间隙只有 0.002mm，因此只能用超声波来进行清洗	
8）检查氧传感器是否良好，如损坏，应及时更换	

技能训练十　使用尾气分析仪、烟度计诊断故障

1. 实训要求
运用仪器检测汽车排放污染物。

2. 主要实训器材
1）汽油车、柴油车。
2）Tecnotest 488 型尾气分析仪、FQD-201 型半自动排气烟度计、常用工具。

3. 操作方法
（1）汽油车怠速污染物的检测　采用不分光红外线吸收型（NDIR）检测仪，如 Tecnotest 488 型尾气分析仪。Tecnotest 488 型尾气分析仪主要由排气取样探头、泵、流量传感器、红外线发生器、滤光器、红外线接收仪、同步电动机、NO_x 和氧传感器、滤清器、信号放大器、数码显示屏、校正口电磁阀、自动清零电磁阀等组成。

步骤 1　车辆准备。
步骤 2　仪器的初始化（采用 Tecnotest 488 型尾气分析仪）。
步骤 3　仪器的预热和清零。
步骤 4　确定车辆的燃料类型。
步骤 5　温度的测量。
步骤 6　转速的测量。
步骤 7　检测操作。上述过程完成以后，进行检测操作。
步骤 8　按"启动"键，分析仪退出待机状态，开始进行尾气检测。

步骤9 让发动机进行两次快速空转加速,然后回到怠速运转状态。

步骤10 把排气取样探头插入汽车排气管,插入的深度不得小于300mm。如果探头没有完全插入排气管,则需加一个专用的延伸管以确保接触面积的紧密性。

步骤11 分析仪显示单一气体的数值、空燃比、转速和发动机的温度值。

步骤12 当测量的数据变化稳定后,按"打印"键开始打印,打印的内容为按打印键时仪器显示屏上显示的数值。

步骤13 根据数值进行比较,诊断发动机故障所在。

(2)柴油车自由加速烟度的检测 采用滤纸式烟度计检测,操作步骤如下:

步骤1 仪器准备。

步骤2 车辆准备。

步骤3 将取样探头固定于排气管内,插入深度为300mm,并使其中心线与排气管轴线平行。

步骤4 将脚踏开关引入汽车驾驶室内。

步骤5 将抽气泵活塞压到最下端锁止。

步骤6 按测量规定进行自由加速烟度的检测。

步骤7 在被染黑的滤纸上记下试验序号、试验工况和试验日期等,以便保存。

步骤8 检测结束,及时关闭电源和气源。

步骤9 根据数值进行比较,诊断发动机故障所在。

技能训练十一 诊断排除润滑系统报警故障

1. 实训要求

1)掌握润滑系统报警故障现象、原因。

2)能够排除润滑系统报警故障。

2. 主要实训器材

1)上海桑塔纳2000GSi时代超人轿车。

2)常用修理工具。

3)机油压力表。

3. 故障现象

1)发动机怠速运转时,机油压力表指示压力过低或机油警告灯亮。

2)发动机转速高达一定程度时,警告灯闪亮,蜂鸣器报警。

4. 故障原因

1)集滤器堵塞。

2)机油量过少。

3）机油变质裂化。

4）机油油路、油管泄漏。

5）机油泵不工作。

6）机油泵限压阀弹簧损坏、限压阀关闭不严。

7）机油压力表损坏或传感器失效。

5. 故障诊断与排除

1）将车辆停放在平坦地面上，拔出油尺，检查润滑油油面高度。若油面过低，则应加足润滑油

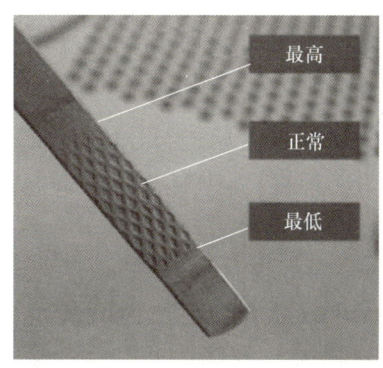

2）观察油尺上润滑油颜色，若呈现乳白色，则说明润滑油渗入水分已变质，黏度下降使油压偏低，应给予更换

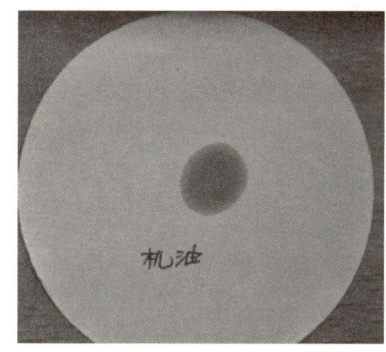

3）拆下机油压力传感器，装上机油压力表，若机油压力达到规定值，而机油压力表指示的油压过低（或机油警告灯不灭），说明机油压力传感器或机油压力表故障。换上新的机油压力传感器，起动发动机怠速运行，若机油压力表指示正常（或机油警告灯灭），则机油压力传感器故障；若故障现象依旧存在，则表明机油压力表故障

（续）

4）若机油压力表指示的机油压力在怠速和2000r/min时均低于规定值，则应将机油压力表安装在气缸体主油道机油压力传感器位置上，起动发动机，检测机油压力。若机油压力仍高于规定值，则说明滤清器至主油道间有堵塞或限压阀故障；若机油压力无多大变化且较低，则应拆下限压阀清洗，在弹簧后端面加装垫片后重新进行压力检测；若机油压力明显提高，则说明限压阀故障	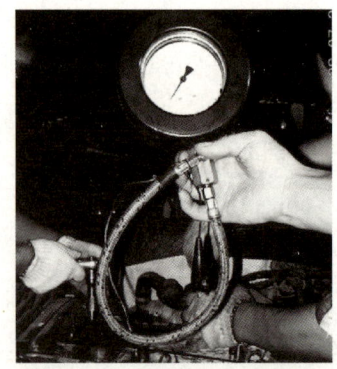
5）若加垫片后压力仍偏低，则应拆下油底壳，检查集滤器是否堵塞、曲轴轴承和连杆轴承间隙是否过大。若是，应加以修复	
6）若上述检查均正常，则说明故障为机油泵磨损过多	

技能训练十二　诊断排除机油消耗异常故障

1. 实训要求
1）掌握机油消耗异常故障现象、原因。
2）能够排除机油消耗异常故障。

2. 主要实训器材
1）上海桑塔纳2000GSi时代超人轿车。
2）常用修理工具。
3）机油压力表。

3. 故障现象
车辆正常行驶，每天检查机油时均发现机油消耗量过多；排气管冒蓝烟，机油加注口也出现脉动冒烟；燃烧室积炭增多。

4. 故障原因

1）发动机的活塞与缸壁间隙过大。

2）活塞环弹力不足或磨损量过大。

3）扭曲活塞环装反。

4）活塞环抱死或活塞环端隙对口。

5）气门杆油封损坏。

6）进气门导管与气门杆间隙过大。

7）曲轴箱通风不良。

8）正时齿轮室、曲轴前后油封、凸轮轴后端油堵等密封不严而漏油。

9）油底壳或气门室盖密封不严漏油。

10）空气压缩机的活塞与缸壁间隙过大。

11）空气压缩机曲轴的前、后端盖漏油；润滑系各零部件外漏。

5. 故障诊断与排除

1）检查发动机上是否有机油泄漏的痕迹。若有，在清洁好发动机外部油污之后，起动发动机，观察泄漏情况；或往发动机润滑油中加入荧光检漏剂，起动发动机后用荧光检漏仪检查机油泄漏部位。如有泄漏应予以修复

2）使发动机中速运转，观察发动机排气烟色。若排气管排出的是蓝烟，则应检测发动机气缸压力。若气缸压力过低，同时出现发动机动力不足，起动困难，急加速敲缸，则说明发动机活塞环磨损过多或活塞与气缸壁间隙过大，应对发动机进行维修

3）若发动机气缸压力正常，则故障应为气门油封漏油，或废气涡轮增压器轴磨损过多，润滑油进入气管内（仅针对装有废气涡轮增压器的发动机）

技能训练十三 诊断排除冷却液充足但发动机过热故障

1. 实训要求

1）掌握冷却液充足但发动机过热故障现象、原因。

2）能够排除冷却液充足但发动机过热故障。

2. 主要实训器材

1）上海桑塔纳 2000GSi 时代超人轿车。

2）常用修理工具。

3. 故障现象

1）冷却液充足，但行驶过程中发动机无力，冷却液温度过高。

2）汽车行驶中发动机温度正常，一旦停车冷却液立即沸腾。

4. 故障原因

1）风扇传动带打滑。

2）散热器出水胶管老化吸瘪或内壁脱落堵塞。

3）冷却风扇装反、扇叶角度变小或新换的风扇规格不对。

4）电动冷却风扇不转动，或硅油风扇离合器损坏，风扇转速过低。

5）节温器失效。

6）水套内水垢过多，分水管堵塞，分水不畅。

7）散热器内水管堵塞。

8）水泵损坏。

9）气缸垫烧穿，使相邻两缸串通，或缸体、缸盖出现裂纹，使高温高压气体进入冷却系统产生气阻。

10）点火时间过迟，混合气浓度过低或过高。

11）燃烧室积炭过多。

12）车辆长时间大负荷工作等。

5. 故障诊断与排除

1）检查冷却风扇转速是否过低，若风扇转速过低，则应检查风扇传动带是否因过松、油污、磨损过度而打滑；检查硅油风扇离合器工作是否正常；检查电控风扇的热敏开关、直流电动机、控制电路工作是否良好。

（续）

2）检测散热器及发动机的温度。若散热器温度过低，而发动机温度过高，则说明冷却液循环不良。逐渐提高发动机的转速，观察散热器出水胶管是否被吸瘪。若胶管被吸瘪，则说明散热器的进水管堵塞严重，应进行清洗。若散热器出水管良好，则应拆下散热器进水管，提高发动机的转速，冷却液应有力地喷出，否则说明水泵或节温器有故障。拆下节温器重复试验，若排水量明显增加，则应进一步检查节温器；若排水量不变，则应进一步检查水泵的工作性能、气缸体内的水垢是否厚多等	
3）若散热器进水管冷却液喷出有力，则应检查散热器各部温度是否均匀。如果散热器冷热不均，则应检查散热器芯管是否堵塞	
4）若以上检查均正常，在冷却液温度过高的同时，发动机动力明显下降，则应检查点火时间是否正确，混合气浓度是否过低，燃烧室积炭是否过多等	
5）对于长期未清洗水垢的发动机，应检查水套内积垢是否过厚。检查方法如下：将冷却液全部放出，再加满冷却液并测量注入冷却液的体积。若比规定量明显减少，则减少的体积即为水垢所占据的容积，若水垢过厚，应对发动机进行清洗	
6）若发动机及冷却液温度正常，而冷却液温度表指示冷却液温度过高，则应检查冷却液温度表、冷却液温度传感器及控制电路是否正常	

技能训练十四　检测、诊断曲轴箱通风系统性能和故障

1. 实训要求
1）了解曲轴箱通风系统的结构。
2）熟悉并掌握曲轴箱通风系统的检修方法。

2. 主要实训器材
1）上海桑塔纳 2000GSi 时代超人轿车。
2）软管、钳子、常用拆装工具。

3. 操作方法
说明： 当出现发动机渗漏机油或机油消耗量过大、怠速不稳甚至熄火、动力性下降、油耗增大等故障现象时，可能是由 PCV 系统工作不良引起的。

（1）曲轴箱通风系统性能检查

1）外观检查。

① 观察发动机是否渗漏机油。检查气门室罩、油底壳、机油加油口盖及机油尺等处的密封状况，若这些部位有机油渗漏，需要根据渗漏程度，再进一步做出判断，究竟是 PCV 系统堵塞或 PCV 阀卡滞所致，还是活塞与气缸严重磨损使窜气量总是大于 PCV 阀流量所造成的。

② 检查 PCV 系统通气软管是否老化破裂、松脱或堵塞。另外，PCV 阀与既定的发动机具有严格的匹配关系，要确保 PCV 阀型号正确。

2）真空检测法。

① 拔出机油尺，在机油尺口接上真空表。当发动机在正常工作温度下怠速运转时，曲轴箱真空度通常约为 4kPa。

② 当发动机在正常工作温度下怠速运转时，拔出机油尺或拧开机油加注口，手心轻缓地接近于机油尺口或机油加注口，会有真空吸力的感觉，或者把适当大小和厚度的纸片置于机油尺口或机油加注口，纸片应能被吸住。否则，PCV 系统堵塞，应清洗或更换堵塞的部件。

3）转速检测法。当发动机在正常工作温度下怠速运转时，夹住 PCV 阀的真空软管（人为堵住 PCV 系统），怠速转速应下降 50r/min 或更多。更为简单的办法是，发动机怠速运转时，快速拔出和插入机油尺，发动机的转速、振动和运行声音应有明显的变化。否则，PCV 系统堵塞，应清洗或更换堵塞的部件。

（2）PCV 阀的检查

1）就车检查。

① 当发动机在正常工作温度下怠速运转时，把 PCV 阀从气门室罩上拆下，手指靠近 PCV 阀的进气口，应感到有真空吸力或听到空气通过 PCV 阀时发出的"嘶嘶"声。

② 拔掉真空软管，手指挪近 PCV 阀的出气口，手指应感到有气体喷出，否则 PCV 系统堵塞，应清洗或更换堵塞的部件。

2）人工吹气判断。

① PCV 阀不可分解，可通过人工用嘴吹气判断其内部状况。从 PCV 阀出气口用嘴尽力往阀里吹气，同时手指靠近进气口，吹气应当不能通过 PCV 阀，若吹气很容易通过，则说明 PCV 阀卡滞，应清洗或更换。

② 从 PCV 阀进气口用嘴向阀里吹气，同时手指靠近出气口，吹气应通过 PCV 阀，若吹气不能自由通过，则说明 PCV 阀卡滞或堵塞，应清洗或更换。

3）耳边晃动听音。拆下 PCV 阀，拿住 PCV 阀在耳边来回轴向晃动，应能听到阀芯与阀座碰撞的"咔嗒"声，若听不到"咔嗒"声，则说明阀芯卡滞或沾黏，应清洗或更换 PCV 阀。

说明：PCV 系统不可调整，维修仅限于检查、诊断和更换失效的部件。一般 PCV 阀的更换周期为 5 万～8 万 km。当 PCV 阀因油泥沾黏、堵塞和卡滞时，可以使用清洗剂进行清洗。将清洗剂喷入 PCV 阀中，来回用力晃动，反复清洗，直至 PCV 阀在耳边晃动听到"咔嗒"声为止。

技能训练十五　检测、诊断燃油蒸发控制系统性能和故障

1. 实训要求

1）了解燃油蒸发控制系统的结构。
2）熟悉并掌握燃油蒸发控制系统的检修方法。

2. 主要实训器材

1）上海桑塔纳 2000GSi 时代超人轿车。
2）软管、钳子、常用拆装工具。

3. 操作方法

1）将发动机热车至正常工作温度，并使之怠速运转。
2）拔下蒸气回收罐上的真空软管，检查软管内有无真空吸力。

① 若系统工作正常，则在发动机怠速运转中电磁阀应不通，软管应无真空吸力，如图 1-24a 所示。

② 如果软管内有吸力，则应检查电磁阀线束插头内电源电压是否正常。若有电压，说明电脑有故障；若无电压，说明电磁阀有故障。

3）踩下加速踏板，使发动机转速大于 2000r/min，同时检查上述软管内有无真空吸力。

① 若有吸力，说明正常。
② 若无吸力，应检查电磁阀线束插头内电源电压是否正常。
③ 若电压正常，说明电磁阀有故障。

④若电压异常，说明电脑或控制电路有故障。

4）若要单独检查电磁阀，可拔下电磁阀线束插头，向电磁阀内吹气，电磁阀应不通气；再将电源接在电磁阀两接线柱上（图1-24b），同时向电磁阀内吹气，电磁阀应可以通气。若有异常，则说明电磁阀有故障，应更换。

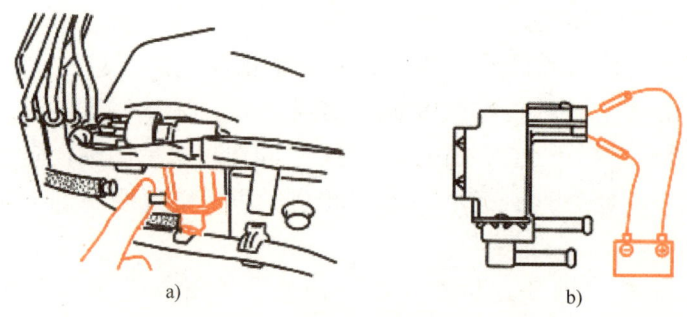

图1-24　燃油蒸发控制电磁阀的检测

技能训练十六　检测、诊断废气再循环系统性能和故障

1. 实训要求
1）了解废气再循环系统的结构。
2）熟悉并掌握废气再循环系统的检修方法。

2. 主要实训器材
1）丰田佳美整车。
2）空气压缩机、真空表、跨接线、万用表、转速表、黏结剂、常用工具。

3. 技术标准（废气不循环的条件）
1）发动机冷却液温度低于50℃。
2）怠速或小负荷运转（转速低于1000r/min左右）。
3）高速运转（转速高于4500r/min左右）。
4）突然加速或减速。

4. 操作方法
（1）废气再循环系统工作的检查
1）起动发动机，并以怠速运转。
2）将手指伸入废气再循环阀，按在膜片上（图1-25），检查废气再循环有无动作。
3）在冷车状态下踩下加速踏板，使发动机转速上升至2000r/min左右，此时废气再循环阀应不开启，手指应感觉不到膜片的动作。

图1-25　废气再循环系统工作的检查

4）在发动机热车后（冷却液温度高于50℃），踩下加速踏板，使发动机转速上升至2000r/min左右，此时废气再循环阀应开启，手指可感觉到膜片的动作。

若废气再循环系统不能按上述规律动作，则说明该系统工作不正常，应检查该系统各零部件。

（2）三通电磁阀的检查

1）拔下三通电磁阀的线束插头及真空软管，拆下三通电磁阀。

2）当电磁阀线圈不接通电源（图1-26a）时，A-B、A-C之间应不通气，B-C之间应通气；否则，说明三通电磁阀损坏，应更换。

3）当电磁阀线圈接上电源（图1-26b）时，A-B之间应通气，A-C、B-C之间应不通气；否则，说明三通电磁阀损坏，应更换。

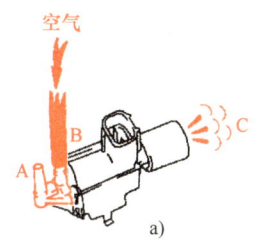
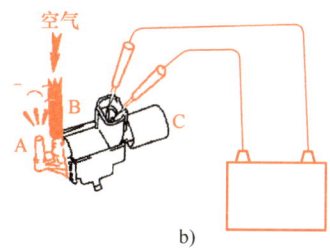

图1-26 三通电磁阀的检查

（3）废气再循环阀的检查

1）让发动机以怠速运转。

2）拔下连接废气再循环阀与废气调整阀的真空软管。

3）用手动抽真空器对废气再循环膜片室施加约19.95kPa的真空度，如图1-27所示。

① 若此时发动机怠速运转性能变坏甚至熄火，则说明废气再循环阀工作正常。

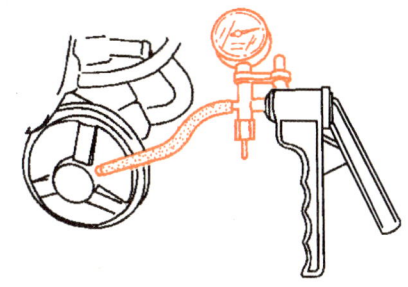

图1-27 废气再循环阀的检查

② 若此时发动机运转性能无变化，则说明废气再循环阀损坏，应更换。

（4）废气调整阀的检查

1）起动发动机，并预热至正常工作温度。

2）拔下连接废气调整阀与废气再循环阀的真空软管，用手指按住真空管接口，如图1-28a所示。

① 当发动机怠速运转时，接口内应无真空吸力。

② 踩下加速踏板，使发动机转速上升至2000r/min，此时接口内应有真空吸力。

③ 若不符合上述要求，则说明废气调整阀不正常，应拆卸检查。

3）拆下废气调整阀，在连接节气门体真空管的接口处接上手动抽真空器，用手指堵住连接废气再循环阀的真空管接口，如图 1-28b 所示。

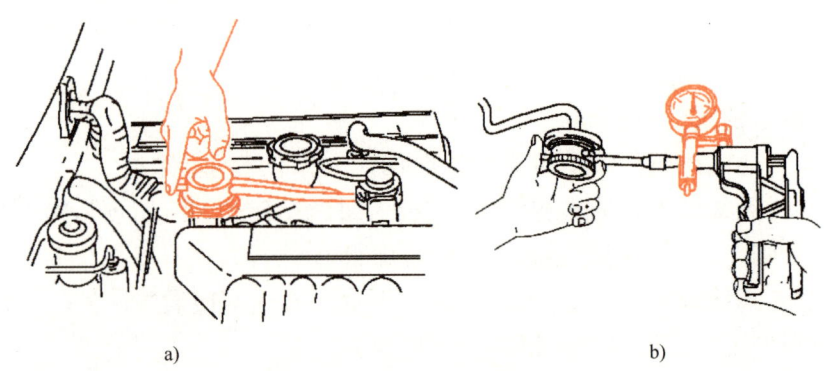

图 1-28　废气调整阀的检查

4）向连接排气管的进气口内施加气压，同时扳动手动抽真空器，施加一定真空，在连接废气再循环阀的接口处应能感到有真空吸力；停止抽真空后，真空吸力应能保持住，无明显下降；放掉排气管进气口的压力，真空吸力也应随之消失。

如有异常，应更换废气调整阀。

复习思考题

1. 什么是发动机的大修工艺？
2. 发动机修理工艺过程一般包括哪些内容？
3. 发动机总成送修有哪些规定？
4. 零件检验分类技术条件的内容有哪些？
5. 零件的拆卸原则是什么？
6. 零件的清洗方法有哪些？
7. 发动机零件的机械加工修复方法有几种？
8. 发动机装配中应注意哪些事项？
9. 简述发动机的装配程序。
10. 发动机磨合的目的是什么？
11. 发动机磨合工艺是什么？
12. 发动机冷磨合的具体要求是什么？
13. 发动机冷磨合应注意哪些事项？
14. 发动机冷磨合后的检查内容有哪些？
15. 发动机有负荷热磨合的注意事项有哪些？
16. 发动机竣工检验标准及条件有哪些？

17. 发动机异响的产生原因有哪些？
18. 发动机异响与发动机转速的关系是什么？
19. 发动机异响与发动机负荷的关系是什么？
20. 发动机异响与发动机温度的关系是什么？
21. 简述发动机异响的诊断程序。
22. 发动机燃油供给系统故障诊断方法是什么？
23. 发动机模拟故障征兆常用诊断方法有几种？
24. 影响发动机怠速性能的因素有几个方面？
25. 怠速控制系统由哪几部分组成？
26. 怠速稳定控制所需的传感器信号有几种？
27. 怠速控制系统是如何分类的？
28. 发动机控制系统由哪几部分组成？
29. 发动机控制系统故障诊断方法有哪些？
30. 发动机进气系统本身的常见故障主要是什么？
31. 排气管冒蓝烟的原因是什么？
32. 排气管冒白烟的原因是什么？
33. 排气管烧红的原因是什么？
34. 增压器的常见故障有哪些？
35. 什么是尾气分析法？
36. 空燃比对尾气成分有什么影响？
37. 尾气成分异常的原因是什么？
38. 发动机正常尾气排放标准值是多少？
39. 润滑系统常见故障有哪些？
40. 冷却系统常见故障有哪些？
41. 发动机温度异常故障诊断与排除方法是什么？
42. 曲轴箱通风系统的作用、组成及工作原理是什么？
43. 燃油蒸发控制系统的作用、组成及工作原理是什么？
44. 废气再循环系统的作用、组成及工作原理是什么？
45. 三元催化转换器的作用、组成及工作原理是什么？
46. 如何诊断排除气门异响故障？
47. 如何诊断排除连杆轴承异响故障？
48. 发动机连杆轴承异响的原因是什么？
49. 如何诊断排除发动机燃油压力不足故障？
50. 发动机燃油压力不足的原因是什么？
51. 如何诊断排除发动机怠速不稳故障？

52. 发动机怠速不稳的原因是什么？
53. 如何诊断排除发动机加速不良故障？
54. 发动机加速不良的原因是什么？
55. 如何诊断排除发动机起动困难故障？
56. 发动机起动困难的原因是什么？
57. 如何诊断排除混合气浓度过高故障？
58. 混合气浓度过高的原因是什么？
59. 尾气分析仪、烟度计的使用方法是什么？
60. 如何诊断排除机油消耗异常故障？
61. 机油消耗异常的原因有哪些？
62. 如何诊断排除冷却液充足但发动机过热故障？
63. 冷却液充足但发动机过热的原因是什么？
64. 如何检测、诊断曲轴箱通风系统性能和故障？
65. 如何检测、诊断燃油蒸发控制系统性能和故障？
66. 如何检测、诊断废气再循环系统性能和故障？

项目 2 底盘检修

2.1 底盘总成检修

2.1.1 离合器总成检修技术要求

1. 从动盘的检修

1）从动盘铆钉埋入深度不小于 0.3mm，超过极限值时，应更换从动盘总成。

2）用百分表检查从动盘的摆差，其最大极限为 0.4mm，从外缘测量径向圆跳动量最大为 2.5mm，超过极限值时，应更换从动盘总成。

2. 压盘总成的检修

（1）膜片弹簧的检修

1）用卡尺测量膜片弹簧的深度和宽度。当磨损深度大于 0.6mm 或宽度大于 5mm 时，应予以更换。

2）检查膜片有无变形，要求弹簧片的小端均在同一平面上，翘曲变形所引起的平面度误差不大于 0.5mm。若误差过大，则需用专用工具对弹簧进行校正，把弹簧弯曲到正确位置。

3）若膜片分离指过软或折断，则应更换压盘总成。

（2）压盘的检修 检查压盘平面是否有过度烧蚀、不平或沟痕。轻度的不平或烧蚀，可用磨石修磨；平面上沟痕严重时，应予以更换。

3. 分离轴承的检修

1）检查时，先擦净轴承，然后手持轴承内缘再转动外缘，如果有阻滞或明显间隙，则应更换。

2）轴向间隙超过规定时也要更换。

4. 其他零件的检修

1）若踏板衬套与支承销、分离轴与轴承磨损松旷，则应更换衬套、轴承。

2）若拉索卡滞、复位弹簧折断，则应更换新件。

3）驱动臂变形时，应予以校正或更换；导向套筒配合表面不光滑时，可用细砂布进行修磨。

2.1.2 手动变速器总成检修技术要求

1. 变速器壳体修理技术要求

1）壳体应无裂损。壳体上所有连接螺孔的螺纹损伤不得多于2牙。

2）壳体上平面长度不大于250mm时,其平面度公差为0.15mm;大于250mm时,平面度公差为0.20mm。

3）壳体前端面对第一、二轴轴承孔公共轴线的轴向圆跳动:其端面最大可测直径大于50mm且小于或等于120mm时,公差为0.08mm;大于120mm且小于或等于250mm时,公差为0.10mm;大于250mm且小于或等于500mm时,公差为0.12mm;大于500mm时,公差为0.15mm。

4）壳体后端面对第一、二轴轴承孔公共轴线的轴向圆跳动公差为0.15mm。

5）壳体前、后端面的平面度公差值,分别不大于标准规定的轴向圆跳动公差值。

6）壳体上平面与第一、二轴轴承孔公共轴线的平行度公差为0.20mm。

7）壳体上各轴承（或轴）孔轴线间尺寸偏差的绝对值,允许比原设计规定增加0.02mm。

8）壳体上各轴承（或轴）孔轴线的平行度公差允许比原设计规定增加0.02mm。

9）壳体上各轴承（或轴）孔的圆度公差为0.008mm。表面粗糙度值一般不大于$Ra1.16\mu m$。

10）滚动轴承与轴承座孔的配合公差:当公称尺寸大于50mm且小于或等于80mm时,其值允许比原设计规定增加0.02mm;当公称尺寸大于80mm且小于或等于120mm时,其值允许比原设计规定增加0.04mm;当公称尺寸大于120mm且小于或等于180mm时,其值允许比原设计规定增加0.025mm。

11）轴颈与壳体承孔的配合公差允许比原设计规定增加0.015mm。

2. 变速器盖修理技术要求

1）盖应无裂损。

2）盖与壳体的接合平面长度不大于250mm时,其平面度公差为0.15mm;接合平面长度大于250mm时,平面度公差为0.20mm;对于非上置式盖,平面度公差为0.10mm。

3）盖上变速杆中部球形承孔直径允许比原设计规定增加0.50mm。

4）变速叉轴与盖（或壳体）承孔的配合间隙为0.04~0.20mm。

3. 变速器轴修理技术要求

1）第一、二轴及中间轴,当以两端轴颈的公共轴线为基准时:长度大于120mm且小于或等于250mm时,中部的径向圆跳动公差为0.03mm;长度大于250mm且小于或等于500mm时,中部的径向圆跳动公差为0.06mm。

2）第一轴的轴向间隙不大于 0.15mm，其他各轴的轴向间隙不大于 0.30mm。

4. 齿轮与花键修理技术要求

1）齿轮的啮合面上不允许有明显的缺陷或不规则磨损。
2）接合齿轮或相配合的滑动齿轮齿端部位磨损量不得超过齿宽的 15%。
3）常啮合齿轮的啮合侧隙为 0.15~0.50mm。接合齿轮的啮合侧隙为 0.10~0.40mm。各齿轮的啮合印痕应在轮齿啮合面中部，且不小于啮合面的 60%。
4）各轴花键与滑动齿轮键槽的侧隙允许比原设计规定增加 0.15mm。
5）各轴花键与齿座、凸缘及其他非滑动部件的花键槽侧隙，应符合原设计规定。

5. 变速叉修理技术要求

1）变速叉端面磨损量应不大于 0.40mm。
2）变速叉端面对变速叉轴孔轴线的垂直度公差为 0.20mm。
3）变速叉两端工作侧面与环槽的配合间隙为 0.20~1.00mm。

2.1.3 万向传动装置检修技术要求

1. 万向节检修技术要求

1）检查十字轴轴颈表面，若有严重损伤，如金属剥落、明显凹陷或滚针压痕深度大于 0.10m，均应更换。轴颈表面有轻微剥落，可用磨石打光剥落表面后继续使用。
2）滚针轴承油封损坏或滚针断裂、缺针的，都应更换新件。
3）检查万向节十字轴与滚针轴承的配合间隙。检查时，将十字轴夹在台虎钳上，滚针轴承壳套在十字轴颈上，用百分表测头抵住轴承壳外表面最高点，用手上下推动滚针轴承壳，百分表上指针移动变化值即为该轴承与十字轴配合的间隙值。当轴承间隙超过规定值极限时，应予更换。

2. 传动轴检修技术要求

（1）传动轴直线度检查　可利用万向节叉和花键轴上的中心孔，两端用顶尖顶起来，用百分表测量轴管外圆的径向圆跳动；也可以在轴管两端用 V 形架支起来，用百分表测量轴管外圆的径向圆跳动。当传动轴的弯曲量超过规定值时，可在压床上冷压校直。

（2）轴承的检查　若发现轴承滚珠、滚道上有烧蚀、金属剥落等现象，应予更换；将轴承拿在手上进行空转，观察轴承转动是否轻便灵活。

1）检查轴承的径向间隙。将轴承放在平板上使百分表的测头抵住轴承外座圈，然后一只手将轴承内圈压紧，另一只手推动轴承外圈，此时百分表指针所摆动的数值即为轴承的径向间隙。

2）检查轴承的轴向间隙。将轴承外圈搁在两垫块上并使轴承内圈悬空，再在轴承内圈上放一块平铁板，然后将百分表测头抵住平铁板中央，上下推动轴承内圈，此时百分表上所指示的数值即为该轴承的轴向间隙。

3）检查中间支承轴承座内表面。检查中间支承轴承座内表面的磨损情况，磨损深度大于 0.05mm 的应予更换。

4）检查前后油封盖、支架等。检查前后油封盖有无磨损，支架有无裂损，橡胶环有无腐蚀老化，视需要及时更换或修复。

2.1.4 主减速器和差速器检修技术要求

1. 主减速器壳修理技术要求

1）壳体应无裂损。壳体上各部位螺纹损伤不得多于 2 牙。

2）差速器左、右轴承孔的同轴度公差为 0.10mm。

3）主动圆柱齿轮轴承（或侧盖）孔轴线及差速器轴承孔轴线对减速器壳前端面的平行度公差：当轴线长度在 200mm 以上时，其值为 0.12mm；当轴线长度小于或等于 200mm 时，其值为 0.10mm。

4）主减速器壳纵轴线对横轴线的垂直度公差：当纵轴线长度在 300mm 以上时，其值为 0.16mm；当纵轴线长度小于或等于 300mm 时，其值为 0.12mm。纵、横轴线应位于同一平面（准双曲面齿轮结构除外）时，其位置度公差为 0.08mm。

5）主减速器壳与侧盖的配合及主动圆柱齿轮轴承与减速器壳（或侧盖）的配合应符合原设计规定。

2. 主、从动锥齿轮修理技术要求

1）齿轮不应有裂纹，齿轮工作表面不得有明显斑点、剥落、缺损。

2）以主动锥齿轮壳后轴承孔轴线为基准，前轴承孔的径向圆跳动及各端面的轴向圆跳动公差为 0.06mm。

3）主动锥齿轮轴承预紧力应符合原设计规定或主动锥齿轮轴承的轴向间隙不大于 0.05mm。

4）主动锥齿轮花键与凸缘键槽的侧隙不大于 0.20mm。

5）主动锥齿轮前后轴承与轴颈、承孔的配合应符合原设计规定。

6）从动锥齿轮与其轴连接：铆接的应铆接可靠；螺栓连接的，连接螺栓的拧紧力矩应符合原设计规定。

7）从动锥齿轮端面对其轴线的轴向圆跳动公差为 0.10mm。

8）主、从动锥齿轮啮合齿隙为 0.15~0.50mm。

9）主、从动锥齿轮接触痕迹：应达到沿齿长方向接触，位置控制在齿的中部偏小端，离小端端面 2~7mm，接触痕迹的长度不小于齿长的 50%，齿高方向的接触痕迹应不小于有效齿高的 50%，一般应离齿顶 0.80~1.60mm。

3. 主、从动圆柱齿轮修理技术要求

1）齿轮不应有裂纹，齿轮工作表面不得有明显斑点、剥落、缺损。

2）主动圆柱齿轮轴承与轴颈的配合间隙不得大于原设计规定 0.012mm。

3）主、从动圆柱齿轮啮合齿隙为 0.15~0.70mm。

4. 差速器修理技术要求

1）差速器壳应无裂损。壳体与行星齿轮、半轴齿轮垫片的接触面应光滑、无沟槽。

2）十字轴承孔轴线长度在 160mm 以上时，两轴线垂直度公差为 0.10mm，长度小于或等于 160mm 时，垂直度公差为 0.06mm；两轴线相交时，其位置度公差为 0.15mm；每一轴线与半轴齿轮承孔轴线位于同一平面内时，其位置度公差为 0.20mm。

3）整体式十字轴与差速器壳及行星齿轮的配合间隙分别不大于 0.10mm 及 0.25mm，分开式十字轴与差速器壳及行星齿轮的配合间隙分别不大于 0.05mm 及 0.18mm。

4）分别以左右差速器壳内外圆柱面的轴线及对接面为基准，或者以差速器壳与从动圆柱（锥）齿轮接合的圆柱面的轴线及端面为基准：

① 与差速器轴承配合的轴颈径向圆跳动公差为 0.08mm。

② 与差速器轴承接合端面的轴向圆跳动公差为 0.05mm。

③ 半轴齿轮承孔的径向圆跳动公差为 0.08mm。

④ 与半轴齿轮垫片接合平面的轴向圆跳动公差为 0.08mm。

⑤ 与从动锥齿轮（或从动圆柱齿轮）接合面的轴向圆跳动公差为 0.10mm。

⑥ 与从动锥齿轮（或从动圆柱齿轮）配合的外圆柱面的径向圆跳动公差为 0.08mm。

5）差速器壳连接螺栓的拧紧力矩应符合原设计规定。

6）差速器轴承与壳体及轴颈的配合应符合原设计规定。

7）差速器壳承孔与半轴齿轮轴颈的配合间隙为 0.05~0.25mm。

8）行星齿轮端隙应符合原设计规定。

2.1.5 转向器总成检修技术要求

1. 壳体及盖修理技术要求

1）转向器壳体及盖应无裂损，壳体与盖整个接合平面的平面度公差为 0.10mm。

2）壳体上两蜗杆轴轴承孔公共轴线与两摇臂轴轴承孔公共轴线的垂直度公差应符合规定。

3）蜗杆轴两轴承孔轴线的同轴度公差为 0.02mm，摇臂轴两轴承孔轴线的同轴度公差为 0.01mm。

2. 蜗杆修理技术要求

1）蜗杆应无裂损。

2）蜗杆齿面及轴承滚道应无金属剥落及明显的阶梯磨痕。

3）蜗杆轴承与壳体配合的最大间隙不得大于原设计规定 0.02mm。

4）蜗杆轴承与蜗杆轴配合的最大间隙不得大于原设计规定 0.006mm。

3. 摇臂轴修理技术要求

1）摇臂轴经探伤检查不得有裂纹，端部花键应无明显扭曲。

2）滚轮经探伤检查不得有裂纹，齿应无金属剥落和明显的阶梯磨痕。

3）摇臂轴端部螺纹的损伤不得超过 2 牙。

4）摇臂轴支承轴颈的径向全跳动公差为 0.05mm。

5）循环球式转向器的转向螺母的滚道，应无金属剥落。钢球规格及数量应符合原设计规定，直径差不大于 0.01mm。球与滚道的配合间隙不得大于 0.05mm。

6）转向指销工作锥面应无金属剥落，更换时应成对更换，指销装入滚道后的距离应符合原设计规定。

7）摇臂轴轴承与摇臂轴配合的最大间隙不得大于原设计规定 0.005mm。

8）摇臂轴轴承与壳体及与侧盖配合的最大间隙不得大于原设计规定 0.018mm。

9）更换摇臂轴轴承时，该轴承与壳体及与摇臂轴的配合应符合原设计规定。

4. 转向器装配与调整技术要求

1）双销式转向器在装合转向蜗杆时，转向器上盖调整垫片的厚度不得任意变更，如有变更，装合后必须保证蜗杆中心在转向器壳内的正确位置。

2）装合转向摇臂轴前，转动转向轴所需力矩一般应不大于 0.8N·m。

3）转向器装合后，应按原设计要求进行检验，其摇臂轴轴向间隙及转动转向轴所需力矩应符合原设计规定，在全程内应转动灵活，无漏油现象。

2.2 传动系统单个故障诊断排除

2.2.1 离合器故障诊断排除方法

离合器常见故障有：离合器分离不彻底，离合器打滑，离合器接合不平顺，离合器异响等。当离合器出现故障时，可依以下顺序进行诊断：

1）通过故障现象或经过基本的试验判断故障类型。

① 使发动机怠速运转，若踩下离合器踏板时挂档困难或不能挂上档位，或者挂上起步档后踩下离合器踏板，起动发动机时，车辆移动，则可判断为离合器分离不彻底故障。

② 汽车挂低档起步时，离合器踏板完全放开后，必须加大加速踏板行程才能起步；汽车加速行驶时，行驶速度不能随发动机转速升高而升高，负载上坡时，打滑较明显，则可判断为离合器打滑故障。

③ 汽车低档起步时，按照正确操作规范执行，但离合器不能平稳接合，而且产生振抖，严重时整车产生振抖，则为离合器接合不平顺故障。

④ 汽车在行驶过程中，踩下离合器踏板时发出异响，放松离合器踏板时异响消失，或踩下、放松离合器踏板时都有异响，并且离合器异响往往在发动机起动后、汽车起步前离合器接合和分离时产生，则可判断为离合器异响故障。

2）根据故障类型及故障特点，按先简后繁、先外后内的原则分析并查找故障原因。

① 操纵机构方面：离合器自由行程；液压操作系统内有无空气、油液量或是否漏油；主缸、工作缸工作情况；分离轴承等。

② 离合器方面：更换的摩擦片，从动片严重翘曲或破裂；从动盘在变速器一轴上的移动情况；分离杠杆内端高度；个别分离杠杆或调整螺钉折断，膜片弹簧过软、离合器压盘变形、双片离合器中间压盘限位螺钉调整不当等。

③ 其他方面：变速器一轴与曲轴轴线同轴度差，飞轮壳有裂纹，发动机曲轴轴向间隙过大；离合器盖与飞轮连接螺栓松动等。

3）确认故障并进行排除。

① 若调整不当，则重新调整到位，如离合器踏板自由行程、分离杠杆高度等。

② 若零件损坏、变形或紧固件松动，则进行更换或重新紧固。

③ 若液压操纵系统工作不良，则进行修复。

链接 6

离合器故障的原因

2.2.2　手动变速器故障诊断排除方法

1）通过故障现象或经过基本的试验判断故障类型。

① 车辆起步、加速、减速或上下坡时，变速杆自动跳回空档位置——属于跳档故障。

② 离合器在工作良好的情况下，变速杆不能正常挂上档位或者勉强挂上档位后又很难退档，齿轮发响——属于换档、挂档困难故障。

③ 在离合器分离彻底的情况下，车辆在起步或行驶中换档时，挂不上所需档位；虽能挂上所需档位，但不能退回空档；车辆静止时同时挂入两个档位——属于乱档故障。

④ 变速器工作时出现金属撞击声或变速器盖周边、壳体侧盖周边、加油口螺塞、第一轴油封（或回油螺纹）或各轴承盖等处有明显漏油痕迹——属于异响或渗

漏故障。

2）分析故障原因，确定故障部位。

① 操纵机构方面：自、互锁机构；操纵机构调整；拨叉弯曲、过度磨损，使齿轮不能正常啮合；同步器接合套与拨叉轴轴向间隙太大等。

② 齿轮变速机构：齿轮齿面磨成锥形、轴与轴之间不平行、不同轴、齿轮啮合不到位、轴承间隙过大；主轴的花键齿和滑动齿轮的花键槽磨损严重，在运转时上下摆动等。

③ 其他因素：缺油、渗油；润滑油品质；离合器使用、驾驶人操作等。

3）确认并排除故障。

链接 7

手动变速器故障的原因及特征

2.2.3　自动变速器技术状况的测试方法

自动变速器故障诊断与检测程序：初步检查→故障码检查→手动换档试验→机械系统试验→液压系统试验→电控系统试验→查对常见故障及原因→排除方法。

1）根据故障现象，判断故障类型。

2）读取故障码，排除故障码所指的故障。

3）进行自动变速器和发动机的常规检查，主要项目有检查变速器油的液面高度和品质；检查并调整加速踏板拉线和节气门位置传感器；检查变速杆、连接杆系及档位开关；检查并调整发动机怠速；检查其他与自动变速器有关的零部件；检查电控系统各连接线的接触情况。

4）进行失速试验，检查发动机、变矩器、自动变速器的内部机械技术状况。

5）手动换档试验，确定故障是在电控部分还是在自动变速器内部。

6）做时滞试验，检查自动变速器内部离合器、制动器的磨损情况。

7）油压测试，检查油泵、调压器和油路压力。

8）进行道路试验，检查自动换档点、异响、振动、打滑及发动机制动情况。

9）综合各种试验结果，分析、判断故障原因及部位。

2.2.4　万向传动装置故障诊断排除方法

1）根据故障现象及特点确定故障类型。

① 在万向节与伸缩节及中间支承部分技术状况良好的情况下，传动轴在中、高

速行驶时出现异响，且车速越高，响声越大。严重时车身及转向盘产生振抖，甚至握转向盘的手有麻木感，若此时脱档滑行，则振抖更为强烈，则可判断为传动轴异响及振抖。

② 汽车行驶时产生一种连续的"嗡"或"鸣"的响声，车速越快，响声越严重，有时也出现"咯楞、咯楞"的响声，滑行时减弱或消失，则可判断为中间支承总成异响。

③ 汽车起步或车速突然改变时，传动装置发出"嘎"一声；当汽车缓车时，响声更为明显，发出"呱啦、呱啦"的响声，则可判断为万向节和伸缩节异响。

2）分析故障原因，确定故障部位。

① 万向节方面：万向节间隙过大、配合过紧或装配不良。

② 传动轴方面：输出轴与其支承磨损过大、紧固不良；传动轴弯曲（弯曲度大于0.5mm）、轴管凹陷、花键配合不良；传动轴装配不当等。

③ 中间支承方面：中间支承有损伤且装配不良，支承轴承磨损松旷等。

3）确认并排除故障。

 链接 8
万向传动装置故障的原因及特征

2.3 行驶系统单个故障诊断排除

2.3.1 行驶异响故障诊断排除方法

1）根据异响现象和特点确定异响区域或部位。

① 传动系统异响：一般响声出现在驾驶人操作动力总成的传动路线结构上，随车辆行驶速度、方向和负荷的改变而变化。

② 悬架的异响：响声无明显规律，一般与车速及路面状况有关，伴随车辆振抖、转向盘抖动、行驶跑偏等。

③ 车轮异响：具体声响来自车轮，有轴承松、紧异响，制动时声响等。

2）针对不同的异响特征，检查相关部位或区域的结构配合、零件磨损损坏和润滑状况等，确定故障产生的原因和故障点。

3）排除相关故障，并复检。

链接 9

驱动桥故障的原因及特征

2.3.2　行驶跑偏故障诊断排除方法

1）如果发现车辆产生转向盘不居中、行驶跑偏现象，应按以下方法进行诊断：

① 用气压表检查、调整全部轮胎气压。

② 若无气压表，则可用目测法观察轮胎的变形及压迹来判断车轮的轮胎气压。

③ 调整后，所有轮胎气压应保持一致。同一车辆必须安装同种型号轮胎，否则，必然导致转向盘不居中、行驶跑偏。

④ 当两侧轮胎磨损差别较大时，应进行换位，使左右轮，尤其是左前轮和右前轮的磨损状况一致或接近一致。

2）行车中发现汽车跑偏，可停车用手摸制动鼓是否发热，轮毂是否发热，若发热，说明轮毂或制动鼓过紧，必要时予以调校或修复；若不热，则依次检查轮胎气压、轴距、车架，如果无故障，则检查前轮定位。按规定充气，确保左右轮胎气压一致。若发现钢板弹簧断损或弹性太差，则应予及时换新。若前轮定位失准，则应按规范予以校正和调整。

3）车桥、转向传动机构或车架发生左右方向的变形时，将导致车辆朝一个方向跑偏。车桥、转向传动机构各配合部位间隙过大时，会造成车辆朝任意方向跑偏。根据跑偏的方向，判断故障原因进行调整和修理。通过测量左右轴距判定前后桥是否平行，不平行时多由于车桥或车架变形所致。发现变形时应予以校正或修整。对于独立悬架，前后桥不平行是由于悬架装置安装调整不当而造成的，可通过调整下控制臂的安装位置来解决。

4）转向摇臂在轴上装置不当，转向角限位装置调整不当。前轴窜动，前钢板弹簧U形螺栓松动或中心螺栓折断，U形螺栓不对称的钢板弹簧前后装反，或由于碰撞或转向调整装配不当导致汽车左右转弯时，左右转弯量不均匀，一边大一边小。遇到此现象时，先检查易见部分，如钢板弹簧、转向角限位装置等，如无故障，可检查是否窜动。最后检查摇臂的安装是否正确，可支起前桥，将转向盘从一个极限位置转到另一个极限位置，记住圈数，再倒回总圈数的一半，检查转向摇臂是否在中间位置，若位置不当，应加以调整。

5）车在行驶中自动偏向一边，特别是在平直道路上更为明显，主要原因：转向器中控制阀与阀套之间的定位弹簧的弹性降低或折断。当弹簧片弹性减弱或折断时，易使阀套和控制阀产生偏转，引起单边油缸运动，致使车辆跑偏。弹簧片弹性降低产生的跑偏多数偏向一侧，而回位弹簧一端折断，车辆跑偏是忽左忽右。

链接10

行驶系统异响故障的常见原因

2.3.3 车轮故障诊断排除方法

1. 胎面故障

1）单边磨损，俗称偏磨，原因：车轮过分外倾或内倾，这往往是由车轮定位不良造成的。

2）制动造成的局部磨损：必要时校正制动系统。

3）胎面橡胶块被削掉，原因：在路上行驶时，路面上锋利的异物包括碎片可能会削掉胎面橡胶块，并有可能伤及钢丝环带或胎体帘子布层。

2. 胎唇故障

轮胎边鼓包：由于轮胎安装不正确而导致胎唇损坏。

3. 轮胎爆胎

1）快速漏气而导致的爆胎。轮胎在被割破或与外界异物严重撞击时立刻完全泄气，可能会导致爆胎。

2）慢性漏气导致的爆胎。造成慢性漏气的原因主要有以下三方面：

① 汽车行驶时，轮胎扎钉或被割破造成气密层破损，从而导致慢性漏气。

② 扎钉或被割破造成气密层破损后，进行修补，但修补不良也会造成轮胎慢性漏气。

③ 安装轮胎时没有按正确操作流程检查漏气并安装，造成气压不足。例如：没有更换新的气门嘴，装胎以后没有检查气门嘴气门芯、胎唇和钢圈凸缘的接合部是否漏气等，由于安装问题导致气压不足。

4. 胎侧故障

胎边直条凹陷：胎边直条凹陷是由于胎边帘子布接头引起的。接头的部分是对于胎体局部的加强。当轮胎充气时，这块区域比没有接头的区域空气膨胀少，从而造成胎边局部凹陷。

除了正常的胎边直条凹陷外，其余情况下出现的凹陷可能是由轮胎胎边割破、轮胎胎边撞击破损或橡胶老化造成的轮胎故障。

5. 内部故障

轮胎鼓包甚至有缺胶、漏气：胎体帘子线过度拉伸而导致的断裂所致。汽车在行驶中，轮胎胎肩或接近胎肩的胎边部位因强烈撞击外界异物，如坑洞、路缘、大的石块等，轮胎在轮辋凸缘和冲击物之间产生严重挤压变形。

2.3.4 悬架装置故障诊断排除方法

以丰田车系为例，简述电控悬架故障的诊断方法及程序。

1. 初步检查

（1）高度调整功能的检查

1）检查轮胎气压是否正常

2）检查汽车高度（下横臂安装螺栓中心到地面的距离）

3）将高度控制开关由 NORM 转换到 HIGH，车身高度应升高 10~30mm，所需时间为 20~40s

LRC开关　　　高度控制开关

（2）溢流阀的检查

1）将点火开关置于 ON，将高度控制插接器的 1、7 端子短接

2）压缩机工作一会后，检查溢流阀是否放气，如右图所示。如果不放气，说明溢流阀堵塞、压缩机故障或有漏气的部位

3）检查结束后，将点火开关置于 OFF，清除故障码

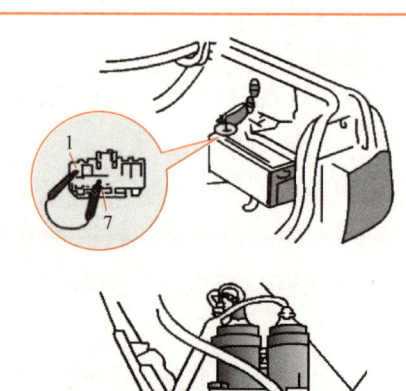

空气

溢流阀放气

（3）漏气检查

1）将高度控制开关置于 HIGH 位置

2）使发动机熄火

3）在管子的接头处涂抹肥皂水，如右图所示

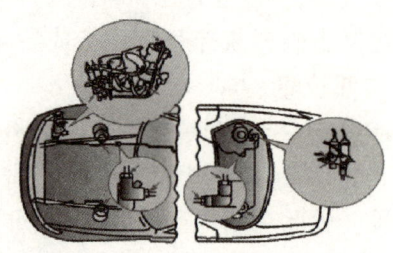

2. 故障诊断

（1）指示灯检查

1）将点火开关置于 ON

2）LRC 指示灯（SPORT 指示灯）和 HEIGHT 指示灯（NORM 和 HI 指示灯）应点亮 2s，指示灯的位置如右图所示

3）如果 NORM 指示灯以 1s 的间隔闪亮时，表明 ECU 中存有故障码。如果出现故障，则应检查相应电路

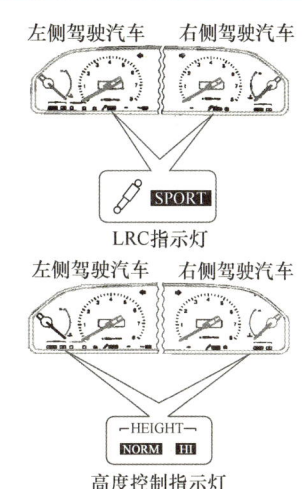

（2）读取故障码

1）将点火开关置于 ON

2）跨接 TDCL 或检查插接器的 TC 与 E1 端子，如右图所示

3）从 NORM 指示灯的闪烁读取故障码，NORM 指示灯的位置如右图所示。如果在高度控制开关置于 OFF 位置时输出故障码 71，则是正常的

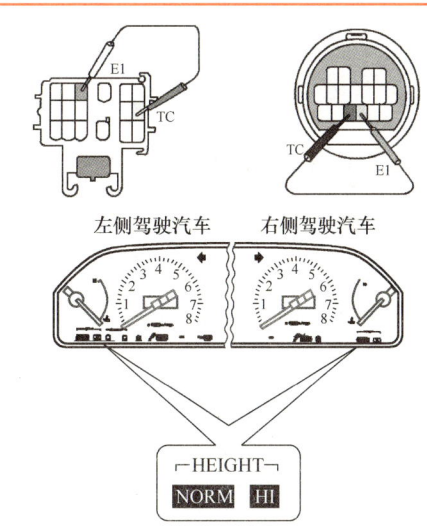

（3）清除故障码

方法 1：将点火开关置于 OFF，拆下 1 号接线盒中的 ECU-B 熔丝 10s 以上

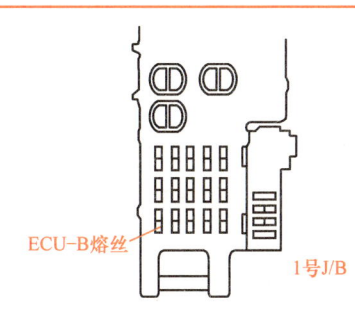

(续)

方法2：将点火开关置于OFF，将高度控制插接器的端子9与端子8跨接10s以上	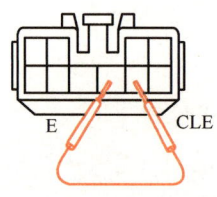 高度控制插接器

2.4 转向系统单个故障诊断排除

2.4.1 机械转向系统故障诊断排除方法

汽车转向系统技术状况的好坏对汽车的行驶安全有着重要的影响。在对转向系统故障进行诊断时，除考虑转向系统方面的原因外，还应考虑行驶方面的原因。

1. 转向器方面原因

转向器主动部分轴承调整过紧、过松或从动部分与衬套配合过紧、过松；转向器主、从动部分的啮合间隙不当；转向器缺油或无油；转向器壳体变形；转向管柱转向轴弯曲或套管凹瘪造成互相碰擦；转向盘弯曲变形；齿轮齿条转向器的齿轮与齿条啮合间隙过大或过小。

2. 转向传动机构原因

转向节主销后倾角过大、内倾角过大或前轮负外倾；转向传动拉杆球头连接处过紧或缺油；转向节推力轴承缺油或损坏；转向节主销与转向节衬套配合过紧或缺油。

3. 车轮、悬架等其他方面原因

转向轮轮胎气压不足、动不平衡；转向轮本身定位不准或车轴、车架变形造成转向轮定位失准；轮毂轴承间隙过松或过紧；左右悬架刚度不等、减振器失效、导向装置失效等。

2.4.2 液压助力转向系统故障诊断排除方法

1. 转向时有异响

转向时有异响一般是机械部分，如主销与衬套损伤、立柱推力轴承损坏等造成。

检查时可以左、右打方向,观察响声的部位进行拆检。

2. 转向机漏油

转向机向外漏油不外乎是几个位置:转向机上盖、侧端盖和转向轴拐臂连接处。这三个部位都有密封圈,更换新的油封和密封圈即可解决漏油问题。如果其他部位漏油就很可能是转向机壳体沙眼或裂痕,细小的裂痕和沙眼可以用乐泰290高渗透性密封胶来堵漏。

3. 转向回位较困难

一般车辆都有转向自动回位的功能。液压助力的汽车,由于液压阻尼的作用,自动回位的功能有所减弱,但还应保持一定的自动回位能力。如果回位时也要像转向时那样施力,就说明回位功能有故障。这种故障一般都发生在转向机械部分。例如转向节主销与衬套缺油而烧损,转向横、直拉杆接头缺油而锈蚀,转向盘与转向机连接的操纵轴万向节缺油或别劲以及转向机的转向轴扇齿与活塞直齿啮合太紧等,都会造成这种故障。

4. 助力泵漏油

如果从助力泵后端盖漏油,显然是后端盖密封圈破损,这是比较容易发现的。实际中还有一种难于发现的故障,这就是转向油罐里的油不断减少(总需要补充),而发动机油底壳内的机油却不断增多或者表面上看起来发动机丝毫不烧机油。从油底壳中放出部分机油观察没有什么异常现象,也闻不出什么其他的异味,这种情况显然是助力泵驱动轴端的油封漏油所致。助力泵低压油腔的液压油由油封漏至发动机正时齿轮室,流入油底壳。液压油与机油混合无法分辨。

5. 转向沉重

(1)单边转向沉重 在实际中往往发生向一个方向转向轻快,而向另一个方向转向沉重的故障,这一般是由于负责密封一侧高压腔的密封件漏损所致。

(2)两侧方向都沉重 如果遇有方向沉重的故障,特别是向两侧打方向都沉重,应当从两个方面去查找原因:一方面查找转向机械部分的原因,如果机械部分没有问题,再查找转向助力方面的原因。

引起方向沉重机械方面的原因主要在于转向节。

(3)快速打方向沉重 在转向时,如果慢慢打方向,方向还轻;如果在急转弯时快速打方向,方向立刻就重。这说明在快速打方向时,助力泵的有效排量不够,助力油对液压缸高压腔的补充还跟不上活塞的运动,助力油压得不到建立,因而反映转向沉重的故障。这类故障主要在助力泵。如果助力泵流量控制阀泄漏、弹簧失效以及泵叶片与腔室表面严重磨损就会造成这种现象。

2.4.3 电动助力转向系统故障诊断排除方法

下面以三菱"米尼卡"微型汽车的电动助力转向系统为例进行说明。

1. 故障警告灯的检查

当点火开关处于 ON 位置时,故障警告灯应点亮,发动机起动后警告灯熄灭为正常。警告灯不亮时,应检查灯泡是否损坏,熔丝和导线是否断路。若发动机起动后,警告灯仍亮时,首先应考虑系统是否处于保险状态(只有常规转向工作,无电动助力),然后进行自诊断操作。

2. 自诊断操作

将指针式万用表直流电压档的红表笔接在诊断插座的 2 号端子上,黑表笔搭铁,如图 2-1a 所示。接通点火开关,通过表针的摆动显示故障码。如果有多个故障码,将以由小到大的顺序显示出来。故障码输出波形如图 2-1b 所示,故障码的含义见表 2-1。

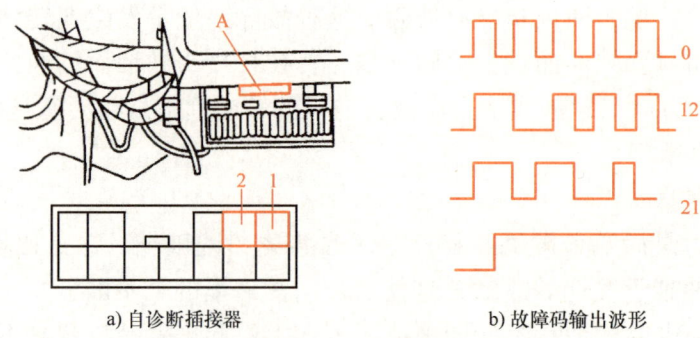

a) 自诊断插接器　　　b) 故障码输出波形

图 2-1　自诊断操作

1—多点燃油喷射端子　2—电动助力转向端子　A—连接片

表 2-1　故障码的含义

故障码	检查诊断项目	故障码	检查诊断项目
0	正常	41	直流电动机
11	转矩传感器(主)	42	直流电动机电路
12	转矩传感器(副)	43	直流电动机过电流
13	转矩传感器主副侧电压差过大	44	直流电动机锁止
21	车速传感器(主)	51	电磁离合器
22	车速传感器主副侧电压差过大	54	电子控制单元
23	车速传感器(主)电压急减	55	转矩传感器 E/F 回路不良
31	交流发电机 L 端子		

3. 故障检查与排除

确知故障码后,首先把蓄电池负极线拆下 30s 以上,即清除故障码后,再进行一次自诊断操作,若故障码又重复显示,即证明故障确实存在(永久性故障),需进一步检查。

2.5 制动系统单个故障诊断排除

2.5.1 制动跑偏（液压）故障诊断排除方法

1. 制动管路

1）制动管（如接头处）渗漏或阻塞、制动液不足、制动油压下降而失灵。

排除方法：应定期检查制动管路、排除渗漏，添加制动液、疏通管路。

2）制动管内进入空气使制动迟缓。制动管路受热、管内残余压力太小，导致制动液汽化，使管路出现气泡，由于气体可压缩，从而在制动时导致制动力下降。

排除方法：将制动分泵及管内空气排尽并按规定添加制动液。

2. 车轮制动器

1）制动间隙不当。

排除方法：按规范全面调校制动间隙。

2）制动鼓（盘）与摩擦片接触不良。

排除方法：必须镗削或校正修复。

3）制动摩擦片被油垢污染或浸水潮湿，摩擦系数急剧降低，引起制动失灵。

排除方法：拆下摩擦片用汽油清洗，并用喷灯加热烘烤，使摩擦片中的油渗出来，渗油严重时更换新片。对于浸水的摩擦片，可用连续制动以产生热能使水蒸发，恢复其摩擦系数即可。

4）制动总泵、分泵皮碗（或其他件）损坏，制动管路建立不起必要的内压，而且油液渗漏，从而制动不良。

排除方法：及时拆检制动总泵、分泵皮碗，更换磨蚀损坏部件。

3. 左右两侧车轮制动器制动性能不一致

1）同轴左右两边制动器制动时间不一致，大多是两边制动器制动间隙不均或接触面积差异所引起的。

排除方法：可按规定重新调校前后轮制动间隙，必要时修磨摩擦片，使前轮先于后轮制动。

2）同轴左右两边制动器的制动力各异，致使车轮转速不同，直线行驶的距离也就不相等，从而造成制动单边。这通常是某边制动分泵漏油、制动摩擦片严重油污、摩擦系数出现差异或左右轮胎气压不等而引起的。

排除方法：可用汽油清洗摩擦片，调整轮胎气压，修复渗漏处，分别予以排除。

3）两边制动鼓与摩擦片工作表面粗糙度不同，或一侧制动管路进空气或接头堵塞等。

排除方法：分别查找根源，予以修复。

4）左右轮胎气压、磨损程度不一致

排除方法：按规定的标准给各轮胎充气，按规定予以调校或换件。

4. 车轮定位失准

排除方法：按规定予以调校。

2.5.2 制动力不足（气压）故障诊断排除方法

1. 观察气压表

若气压足够，则说明空气压缩机、储气筒正常；若气压不足，而且长时间行驶也不上升，则可能是下述原因所致：

1）气压上升缓慢或长时间不上升，发动机熄火后，气压也不下降，大多为压缩机故障，如传动带打滑、压缩机泵气不足、压缩机卸荷压力过低及储气筒安全阀放气压力过低等。

2）气压上升缓慢，发动机熄火后，气压不断下降，说明存在漏气处，如储气筒安全阀漏气、制动踏板自由行程过小导致进气阀不能关闭而漏气（此时伴随制动拖滞）以及进气阀密封不严等。

2. 踩下制动踏板

观察气压表指针，若气压下降过少，则说明制动阀不良，如进气阀开度过小或平衡弹簧过软等。若踩下制动踏板后气压不断下降，则说明有漏气处，如排气阀关闭不严、制动气室漏气、制动软管漏气等。这时，踩住制动踏板，靠听的方法找到漏气处。

3. 察看制动气室推杆外伸情况

若外伸过短，说明气管堵塞或者凸轮轴锈蚀卡滞；若外伸过大，很可能是制动间隙过大。

若上述检查均正常，则故障原因在制动器，如制动蹄沾油、太薄、铆钉外露，制动鼓失圆、磨出沟槽等，应拆开制动器检查。

2.5.3 制动系统电子控制部分的故障诊断排除方法

ABS是在常规的制动系统上增加了控制系统，当ABS出现故障而不能正常工作时，首先应进行初步检查（图2-2）：

1）检查ABS的外部连接情况，如线路连接、管路连接等，看是否有异常情况存在。

2）检查制动油液面是否正常。

3）检查ABS故障指示灯是否能够正常闪亮。

4）用故障诊断仪读取存储的故障码和数据流，最终诊断出ABS的故障。

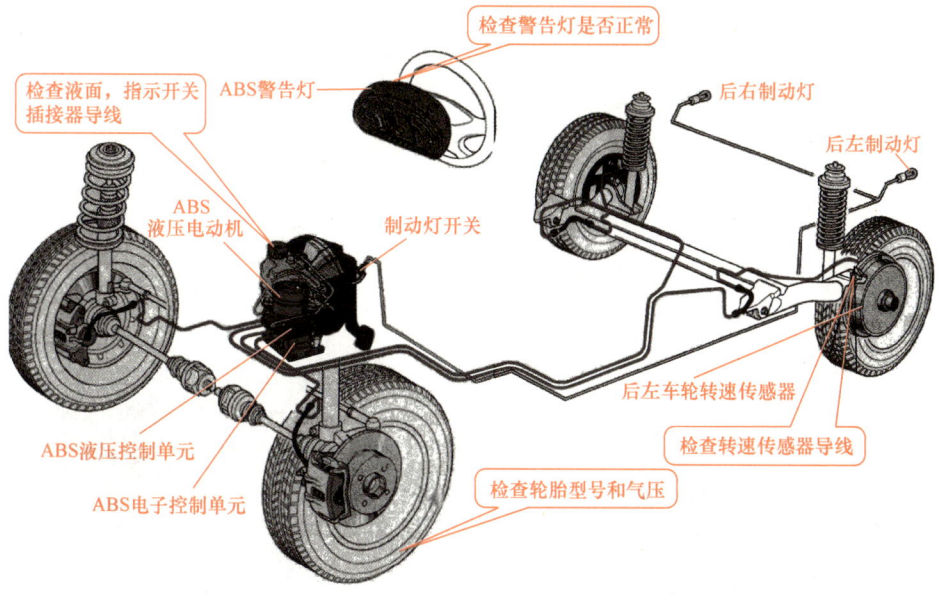

图 2-2　ABS 系统初步检查示意图

链接 11

ABS 系统的故障自诊断

2.6　技能训练

技能训练一　检修离合器总成

1. 实训要求

1）掌握离合器的结构。

2）掌握离合器的维护、检查方法。

2. 主要实训器材

1）实训汽车。

2）常用修理工具。

3）直尺。

4）润滑脂加注器。

5）游标卡尺。

6）百分表及表座。

3. 实训内容

（1）检查

1）检视离合器输油胶管有无破损、漏油、老化，若有，应更换油管；检视储油罐内的油面是否在规定位置，如图2-3所示。

2）检查离合器踏板自由行程。将直尺支在驾驶室的底板上，其倾斜度以直尺与离合器踏板踩下时的弧线相切为准，测量出离合器踏板完全放松时的高度。然后用手轻推离合器踏板，当感觉阻力增大时，停止推压，测量其踏板面的高度。两次测量之差，即为离合器踏板自由行程，如图2-4所示。

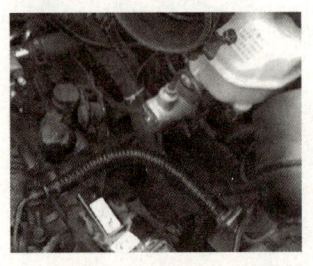
图2-3 检查油位

图2-4 用直尺测量离合器踏板自由行程

3）检查离合器的分离状况。通常可用变速器换档试验，具体操作方法：起动发动机，踩下离合器踏板换档。如果换档困难或换上低速档未抬离合器踏板就有起步、熄火现象，则为离合器分离不彻底或不分离。若很容易换上档，则为离合器分离彻底。

4）踩下后放松离合器踏板，检查离合器操纵机构及踏板回位弹簧的回弹力，应活动灵活，无松旷且踏板回位正常。若明显松旷或不能复位，则应调整或更换回位弹簧，并视情况拆检液压操纵系统。

（2）调整

1）液压操纵式离合器踏板自由行程的调整。液压式操纵机构一般是调整主缸推杆的长度，先将主缸推杆锁紧螺母旋松，然后转动主缸推杆，从而调整踏板自由行程，调整后应将锁紧螺母旋紧，如图2-5所示。

说明： 有些车辆的操纵机构具有自调装置，如捷达轿车，可以免除离合器踏板自由行程的调整。

2）机械绳索式离合器踏板自由行程的调整。旋松离合器钢索上的锁紧螺母，旋动调整螺母，使离合器踏板的自由行程达到15~20mm，最后旋紧锁紧螺母，如图2-6所示。

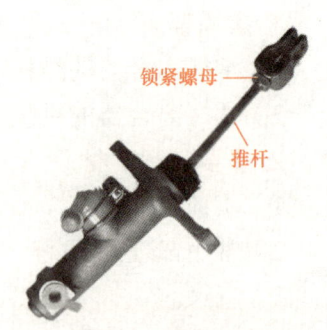
图2-5 液压操纵式离合器踏板自由行程的调整

3）液压操纵系统空气的排放。操作时须有两人配合进行。

① 取下工作缸放气塞胶套（图2-7），在放气塞上接一根长度适宜的胶管，把胶管的另一端放在盛有适量制动液的容器中的液面以下。

② 检查储液罐内的液面是否在规定位置。

③ 一人踩下离合器踏板数次，然后用力将踏板踩至最大行程，并保持不动。

图2-6　机械绳索式离合器踏板自由行程的调整

图2-7　取下工作缸放气塞胶套

④ 另一人松开放气塞，油液及空气从胶管中流出，然后拧紧放气塞（图2-8）。

⑤ 如此重复操作数次，直至从胶管流出的油液中没有空气为止。

⑥ 拧紧放气塞，取下胶管，装回放气塞胶套。

⑦ 往储液罐内添加制动液至规定位置。

注意：在排气操作过程中，要时刻注意观察储液罐中液面的高度，不足时应及时添加，以防止空气混入而再重复上述操作。

4）润滑。

① 用润滑脂加注器向离合器踏板轴加注润滑脂，直至有少量润滑脂挤出为止。

② 对于含油分离轴承，如果转不动或阻力很大，则应更换分离轴承。

（3）离合器从动盘总成的检查

1）检查离合器从动盘总成。

① 检视从动盘摩擦衬片不得有破损、烧蚀，铆钉不得松动，否则，应更换摩擦衬片，重新铆合。

② 使用游标卡尺测量从动盘的厚度和铆钉头的深度，如图2-9所示，铆钉头的最小深度不得小于0.3mm。

③ 用百分表测量从动盘总成的轴向圆跳动量，如图2-10所示。其值应不大于

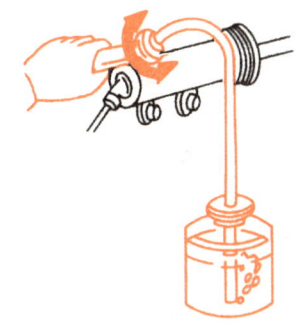

图2-8　拧紧放气塞

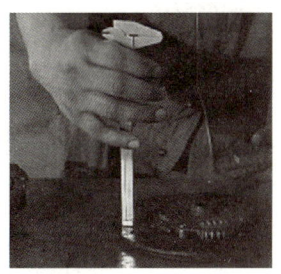

图2-9　测量从动盘的厚度和铆钉头的深度

0.4mm，否则应予校正或更换。

④ 用百分表测量从动盘花键的径向间隙。

2）检查离合器分离杠杆和膜片弹簧的磨损深度与宽度，如图 2-11 所示。深度磨损极限为 0.6mm，宽度磨损极限为 0.5mm。若超过极限，则应更换膜片弹簧。

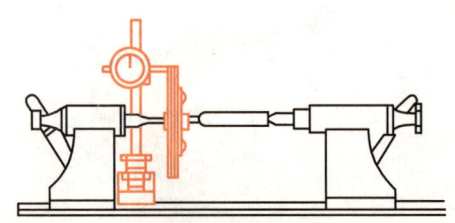

图 2-10　测量从动盘总成的轴向圆跳动量

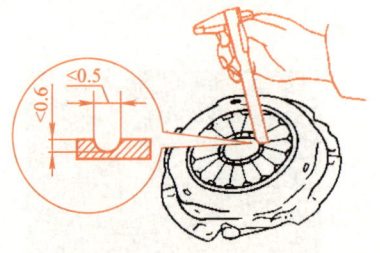

图 2-11　检查膜片弹簧的磨损深度与宽度

3）检查离合器压盘工作面。

① 工作面不应有沟槽、裂纹。

② 用直尺和塞尺检查压盘工作面的平面度误差。若不符合要求，则需更换。

技能训练二　检修手动变速器总成

1. 实训要求

1）掌握手动变速器的结构。

2）掌握手动变速器的检修方法。

2. 主要实训器材

1）手动变速器。

2）常用修理工具。

3）游标卡尺。

4）塞尺。

5）百分表及表座。

3. 实训内容

（1）变速器操纵机构的检查

1）拆下变速器上盖，清洗干净。

2）将变速器上盖固定在台虎钳上，用手推变速叉。若用较大的力猛一推才能够推到档位，则说明自锁良好；若用力不大就能推上档位，则说明自锁装置失效，如图 2-12 所示。

3）某一变速叉已在档位上，同时推动另一变速叉，若能推上档位，则说明互锁装置失效。

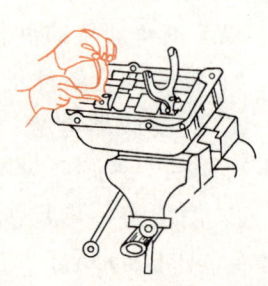

图 2-12　检查自锁装置是否良好

4）用手拨动变速叉，检查变速叉在变速轨上是否锁得牢固，变速叉在变速轨上不应有松旷现象，锁止螺钉不应松动，如图2-13所示。

5）检查变速叉。变速叉应不变形，可用游标卡尺测量变速叉与同步器滑动齿套叉槽接合处的厚度及叉槽的配合间隙，也可用塞尺测量，如图2-14所示。

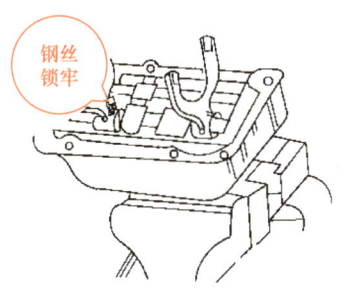

图2-13　检查变速叉是否锁牢

图2-14　检查变速叉

（2）变速器传动机构的检查

1）将变速器中的润滑油放净，用汽油清洗干净。

2）检查各齿轮齿面，不得有烧蚀、斑点及剥落现象，接合齿与其相配合的滑动齿轮磨损不得超过齿长的15%，否则应更换齿轮。

3）检查齿轮的啮合间隙，如图2-15所示。将百分表的测头垂直抵住齿轮齿面，来回转动齿轮，即可测出啮合间隙。

4）检查变速器第一、二轴及中间轴的轴向间隙，如图2-16所示。将百分表的测头垂直抵住各轴端，用撬棒来回撬动与轴固定的齿轮端面，使轴做轴向移动，观察百分表读数，其轴向间隙均不得大于0.30mm。

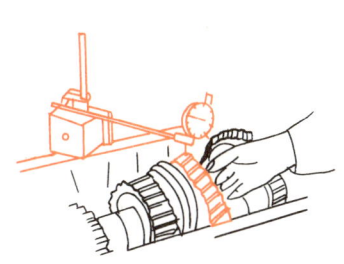

图2-15　检查齿轮的啮合间隙

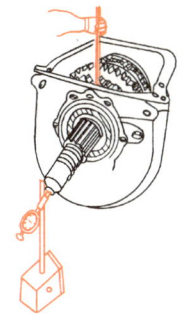

图2-16　检查变速器第一、二轴及中间轴的轴后间隙

5）用塞尺插入齿轮的端面，检查齿轮的端面间隙，如图2-17所示。

6）同步器的检查。

①将同步器拆下，用清洗液清洗干净。

② 检视同步器锥环与锥盘的磨损情况。锥环与锥盘应无刮伤和严重磨损；锥环内锥面的螺纹槽深不得小于 0.1mm，否则，应更换同步器。

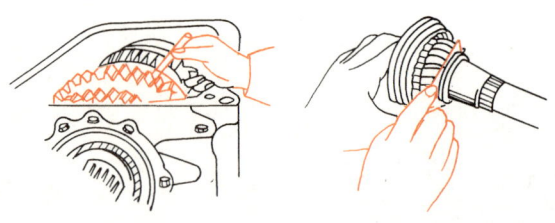

图 2-17　检查齿轮的端面间隙

③ 检查同步器锥环的制动作用，如图 2-18 所示。将锥环内锥面涂少量齿轮油后与外锥面接触并压紧，相对转动，松手后内锥面不应自动从外锥面滑出。取出检查内外锥面的接触面积，应大于 80%，否则，应更换同步器。

④ 检查同步器的后备行程。

a. 锁销式惯性同步器的后备行程是测量锥盘的大端和锥环端面的高度差，如图 2-19 所示。

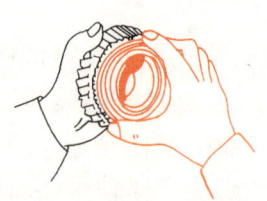 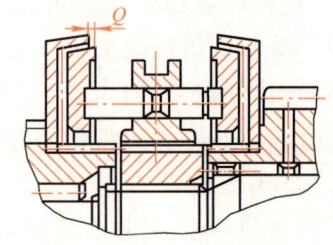

图 2-18　检查同步器锥环的制动作用　　图 2-19　锁销式惯性同步器后备行程的测量

b. 锁环式惯性同步器后备行程的测量是将同步锥、同步环压靠在一起，用塞尺测量同步环大端面与同步锥结合齿前端面之间的距离，如图 2-20 所示。

后备行程应不大于 1mm，若后备行程大于极限值，则应更换同步器。

⑤ 检查同步器锁销、齿套、定位销，不应有严重磨损，否则应更换。

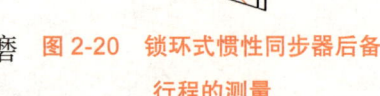

图 2-20　锁环式惯性同步器后备行程的测量

7）变速器轴、轴承的检查。

① 将变速器轴的花键插入与之配合的齿轮或同步器，如图 2-21 所示。用手检查时，不应有松旷过甚的感觉；用百分表检查时，其配合间隙应不大于 0.8mm；用游标卡尺测量花键厚度时，其磨损量应不大于 0.4mm。

② 将变速器轴放在垫有平板的 V 形架上，如图 2-22 所示，用百分表测量轴的直线度误差，其值应不大于 0.07 mm。超过标准时，应校正或更换变速器轴。

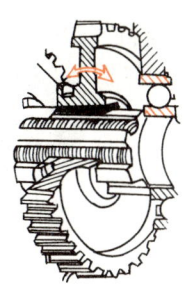

图 2-21 检查变速器轴及轴承

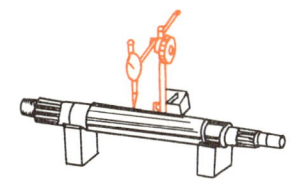

图 2-22 用百分表测量轴的直线度

③ 将轴承清洗干净后，检查轴承内、外圈滚道，滚动体上不得有点蚀、剥落，否则应更换轴承。

（3）调整

1）齿轮端面间隙的调整。选择可使轴向间隙最小的卡环或止推环，将其装在轴上，调整齿轮的端面间隙，如图 2-23 所示。

2）第一、二轴及中间轴轴向间隙的调整。用增减各轴轴承盖垫片的厚度来调整，间隙过大则减少垫片，间隙过小则增加垫片，直到符合规定为止。

图 2-23 调整齿轮的端面间隙

（4）紧固。按照顺序装复变速器，并按规定力矩拧紧各部位螺栓、螺母。

技能训练三　检修万向传动装置

1. 实训要求

1）掌握万向传动装置的结构。

2）掌握万向传动装置的检修方法。

2. 主要实训器材

1）实训汽车（EQ1092）。

2）常用修理工具。

3）外径千分尺。

4）V 形铁。

5）百分表及表座。

6）润滑脂加注器。

3. 实训内容

（1）检查

1）检视传动轴（图 2-24）应无变形、弯曲、裂纹等损伤，否则应修复或更换；用检车锤敲击传动轴螺栓，声音应清脆、不沙哑，否则应紧固。

图 2-24 检视传动轴

2）检查万向节轴承壳弹性垫圈（图2-25）不应松动，若松动应更换弹性垫圈。

3）用手握住传动轴转动，检查花键毂、滑动叉，如图2-26所示，应无明显的间隙感。

4）用手推拉传动轴，如图2-27所示，检查万向节轴承的轴向间隙，中间支承橡胶垫环及中间支承轴承的松旷量，应无间隙感，否则应更换相应的零件。用手上下推拉的同时，检查凸缘锁紧螺母是否松动，若松动应紧固。

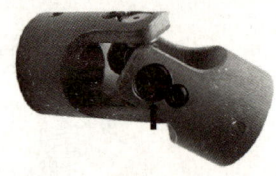

图2-25　检查万向节轴承壳弹性垫圈

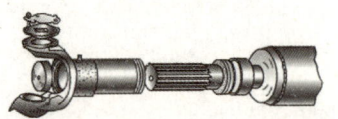 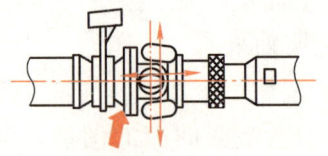

图2-26　检查花键毂、滑动叉　　　图2-27　检查万向节轴承的轴向间隙

5）经过前面的初步检查后，若确定需解体检查，应将传动轴从车上拆下进行分解，做进一步的检查。

说明：传动轴分解前，应在凸缘叉、万向节及滑动叉上做配合标记，在滑动叉与花键轴、中间轴凸缘与花键轴上做配合标记，以确保原位装复，使传动轴平衡精度不受破坏，如图2-28所示。

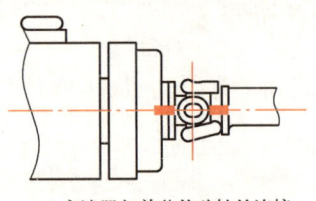 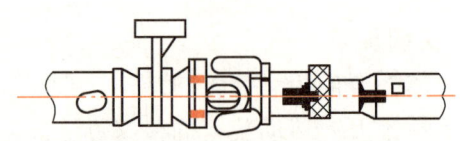

a）变速器与前节传动轴的连接　　　b）前节传动轴与后节传动轴的连接

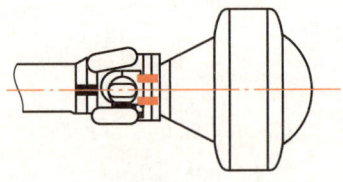

c）后节传动轴与减速器的连接

图2-28　传动轴分解前的连接

① 检查万向节（图2-29）。万向节轴颈表面应无金属脱落、压痕、裂纹；滚针应无破裂；轴承壳应无破裂、凹痕。

用外径千分尺测量万向节轴颈磨损量，不应超过0.04mm，滚针压痕不超过0.10mm，同时检查万向节叉、凸缘叉、凸缘叉孔，应无磨损、失圆。

② 用百分表测量传动轴滑动花键副的配合间隙，如图 2-30 所示。

③ 用百分表检查传动轴是否弯曲，如图 2-31 所示，轴管外圆的径向全跳动量最大不得超过 1.5mm。

 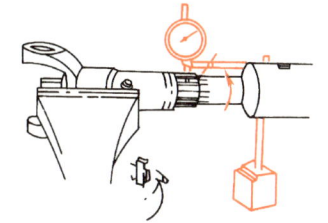 

图 2-29　检查万向节　　图 2-30　测量滑动花键副的配合间隙　　图 2-31　检查传动轴是否弯曲

④ 当传动轴中间支承轴承的轴向间隙（CA1092 不大于 0.30mm，EQ1092 不大于 0.50mm）超差时，应将中间支承总成解体，检查轴承内、外圈及滚子表面是否出现疲劳剥落，若有此现象应更换轴承。若中间支承油封过度磨损，则也应更换。

（2）调整

1）中间支承轴向间隙的调整。

① EQ1092 型汽车轴向间隙过大时，应更换中间支承轴承（轴向间隙不可调）。

② CA1092 型汽车中间支承轴向间隙是可调的。当轴向间隙过大时，拆下凸缘及中间支承支架，拿出隔套适当磨薄，使轴承处于不受轴向力的自由状态，轴向间隙为 0.15~0.25mm。

装配后，以大于 250N·m 的力矩拧紧凸缘锁紧螺母，将中间支承总成夹在台虎钳上，用百分表测量轴向间隙为 0.05mm 左右，或用手转动灵活，无明显的轴向间隙感（注意排除因毛毡油封太紧造成的假象）即可。

2）紧固。

① 用扭力扳手紧固中间支承凸缘锁紧螺母。

② 紧固传动轴凸缘叉连接螺栓。

③ 紧固中间支承支架固定螺栓。

3）润滑。

① 用润滑脂加注器润滑传动轴万向节轴承，加注润滑脂时要快速挤压，使 4 个轴承同时均匀地加进润滑脂，直至新润滑脂从轴承油封挤出为止。

② 润滑中间支承轴承，直至通气孔有新润滑脂挤出为止。

③ 润滑滑动花键副，加至滑动叉堵盖挤出润滑脂为止。

④ 每行驶 3000km 加注润滑脂一次，润滑脂为 2 号锂基脂。

技能训练四 检修主减速器和差速器

1. 实训要求
1）掌握主减速器和差速器的结构及工作原理。
2）掌握主减速器和差速器的检修方法。

2. 主要实训器材
1）驱动桥。
2）常用修理工具。
3）百分表及表座。
4）压力机。
5）弹簧秤。

3. 实训内容
（1）清洁
1）清洁减速器外部，并注意通气塞的清洁，始终保持通气塞畅通。
2）检查减速器及后桥是否漏油或有无漏油痕迹，若有，应查明漏油原因。
（2）检查紧固
1）拧下放油螺塞，放尽润滑油，拆下减速器后盖，如图2-32所示。
2）拆下减速器主动锥齿轮凸缘与传动轴的连接螺栓，如图2-33所示。

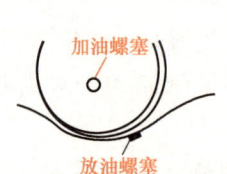
图2-32 拆放油螺塞

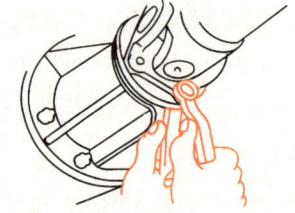
图2-33 拆传动轴连接螺栓

3）拆下半轴，拆下主减速器固定螺栓，拆下主减速器及差速器总成。
4）转动减速器齿轮，检查各齿轮表面有无损伤。

说明：主、从动锥齿轮的表面不能有疲劳剥落；牙齿损坏不得超过齿长的1/5和齿高的1/3；且数量不多于3个齿；行星齿轮和半轴齿轮齿面不允许有疲劳性剥落，齿面上有轻微擦伤时允许使用，环形擦伤宽度不超过1/3。

5）检查主、从动锥齿轮的啮合间隙。将百分表用磁性表座或夹具吸附在减速器壳上，用百分表的测头垂直接触从动锥齿轮的大端凸面，如图2-34所示，左右转动从动锥齿轮，其自由摆动量即为啮合间隙。
6）用百分表检查从动锥齿轮背面的端面跳动量，如图2-35所示。
7）检查差速器壳固定螺栓的拧紧力矩。
8）检查差速器轴承盖固定螺栓的拧紧力矩。

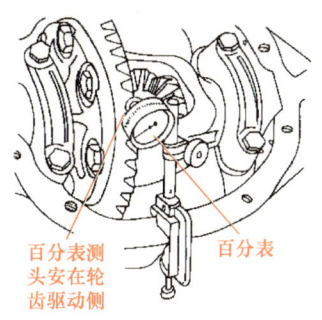
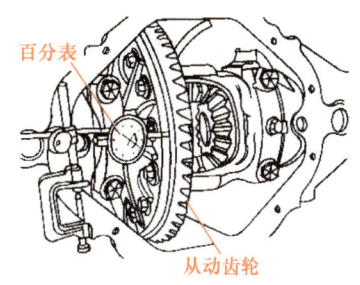

图 2-34 检查主、从动锥齿轮的啮合间隙　　图 2-35 检查从动锥齿轮背面的端面跳动量

（3）调整

1）主动锥齿轮轴承预紧度的调整。

① 将零件清洁干净，零件内腔应无铁屑等杂物，在轴承滚子上应抹上适当的润滑油。

② 用压力机把两个轴承外圈压入轴承座。

③ 用压力机把前轴承内圈压到主动锥齿轮轴颈上，使其紧靠齿轮大端端部，并把后轴承的内圈压上，应压靠到轴肩。

④ 装入调整垫片、轴承座、前外轴承和主动锥齿轮凸缘，不装油封座及油封。

⑤ 按规定力矩拧紧凸缘槽形螺母（此时应一边转动轴承座壳，一边拧紧）。

⑥ 将轴承座夹在台虎钳上，用弹簧秤钩在凸缘螺孔处，沿切线方向拉动，所需拉力应符合规定，如图 2-36 所示。

说明：若拉力过大，应增加调整垫片；若拉力过小，应减少调整垫片。

⑦ 轴承预紧度调整好后，拆下凸缘，把内外油封及导向环装入油封座内，再将油封盖总成、衬垫、凸缘、垫圈和螺母装到主动锥齿轮轴上，然后拧紧槽形螺母，锁好开口销。

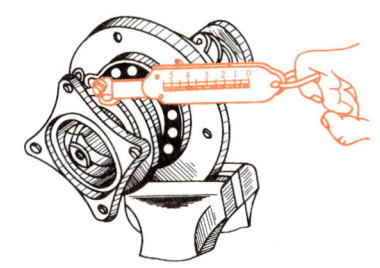

图 2-36 主动锥齿轮轴承预紧度的检查

2）双级主减速器从动锥齿轮轴承预紧度的调整。

① 将从动锥齿轮轴及轴承装入主减速器壳内，再装上两侧的调整垫片及轴承盖，并拧紧轴承盖的固定螺栓。

② 用手转动从动锥齿轮，应灵活无阻滞，且用撬棒沿轴向往复撬动齿轮轴时，应无轴向间隙感觉，若感觉过紧或过松，可通过增减齿轮轴两侧盖与壳体接合面之间的调整垫片来调整。增加调整垫片，轴承预紧度减小；减少调整垫片，轴承预紧度增大。

注意：在调整时，应尽量从两侧盖内同时增加或减少调整垫片，并且增减垫片

的厚度应尽量一致。

3）从动锥齿轮啮合印痕的调整。

① 啮合印痕的要求如图2-37所示。

② 啮合印痕的检查。

a. 在从动锥齿轮的3~4个轮齿上涂抹红铅油。

b. 转动从动锥齿轮数圈。

c. 观察齿面上所压的红色印痕是否正确，以判断是否需要调整。

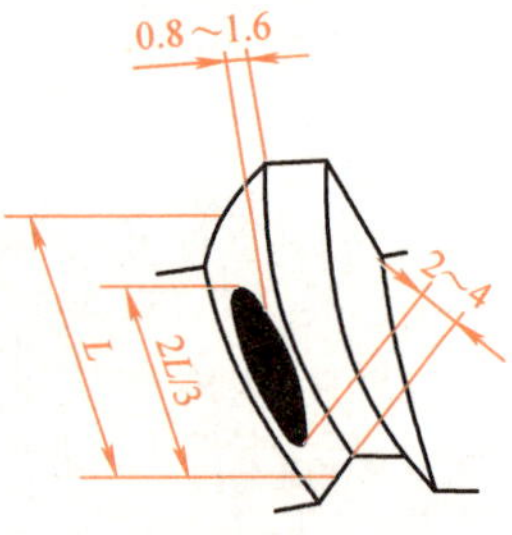

图 2-37 啮合印痕的要求

③ 啮合印痕的调整。

a. 当啮合印痕处在从动锥齿轮的轮齿大端时，应将从动锥齿轮向主动锥齿轮靠拢，若因此而使得轮齿的啮合间隙过小，则可将主动锥齿轮移开，如图2-38所示。

b. 当啮合印痕处在从动锥齿轮的轮齿小端时，应将从动锥齿轮移离主动锥齿轮，若因此而使得轮齿的啮合间隙过大，则可将主动锥齿轮移拢，如图2-39所示。

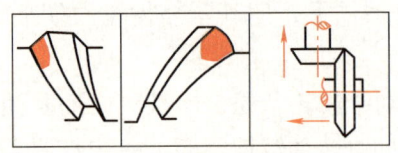

图 2-38 移开主动锥齿轮

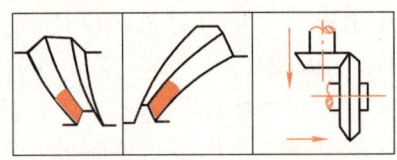

图 2-39 移拢主动锥齿轮

c. 当啮合印痕处在从动锥齿轮的轮齿顶端时，应将主动锥齿轮移拢，若因此而使得轮齿的啮合间隙过小，则可将从动锥齿轮移开，如图2-40所示。

d. 当啮合印痕处在从动锥齿轮的轮齿根部时，应将主动锥齿轮移开，若因此而使得轮齿的啮合间隙过大，则可将从动锥齿轮移拢，如图2-41所示。

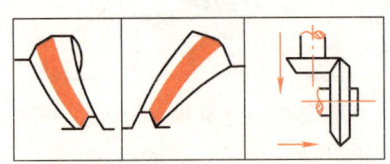

图 2-40 移开从动锥齿轮

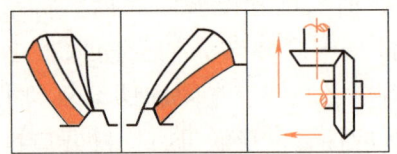

图 2-41 移拢从动锥齿轮

4）从动锥齿轮啮合间隙的调整。啮合间隙的调整是靠主、从动锥齿轮的轴向移动来实现的，两齿轮移近则啮合间隙减小，两齿轮移离则啮合间隙增大。在调整过程中，有可能出现啮合印痕和啮合间隙相冲突的现象，这时应尽量满足啮合印痕，而宁可使啮合间隙稍大一些，但最大不能超过1mm。

① 单级主减速器啮合间隙的调整。移动差速器轴承调整螺母可以调整啮合间隙。当啮合间隙过大时，应使从动锥齿轮往靠近主动锥齿轮的方向移动，反之则反方向移动。

说明：调整之前，应先将差速器轴承的预紧度调整好，为保证差速器轴承的预紧度不变，一端的调整螺母拧松（或拧紧）多少，另一端的调整螺母则相应拧紧（或拧松）多少，如图 2-42 所示。

啮合间隙可用百分表在从动齿轮的轮齿大端上测量，百分表的测头应垂直于大端的凸面，并应对沿圆周均布的不少于 4 个齿进行测量。

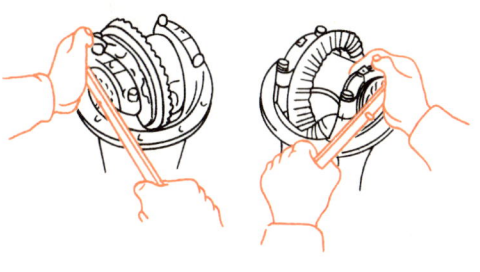

图 2-42 从动锥齿轮啮合间隙的调整

② 双级主减速器啮合间隙的调整。

a. 当需要主动锥齿轮移离（或移拢）从动锥齿轮而造成间隙过大（或过小）时，在不改变轴承预紧度的情况下，可通过把从动齿轮轴适当厚度的调整垫片从一边移到另一边的方法来进行调整。

b. 当需要从动锥齿轮移离（或移拢）主动锥齿轮而造成间隙过大（或过小）时，可通过减少（或增加）主动锥齿轮轴承座与减速器壳之间的垫片来进行调整。

5）从动锥齿轮支承螺柱的调整。

① 松开锁紧螺母，如图 2-43 所示。

② 将支承螺柱拧至顶住从动锥齿轮的背面，然后退回约 1/4 圈即可，保证间隙为 0.3~0.5mm。

③ 拧紧锁紧螺母（注意不要动支承螺柱），并用锁片锁牢。

（4）润滑

1）汽车每行驶 12000km 时，应检查减速器润滑油液面，不足时应添加至规定位置。

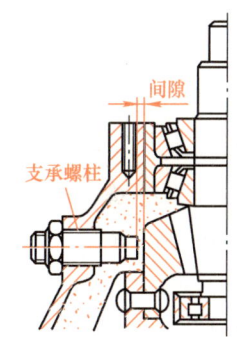

图 2-43 从动锥齿轮支承螺柱的调整

2）汽车每行驶 24000km 时，应更换润滑油，加注原厂规定标号的新润滑油，容量应达到规定标准。

技能训练五　检修转向器总成

1. 实训要求

1）掌握转向器的结构及工作原理。

2）掌握转向器的检修方法。

2. 主要实训器材

1）实训汽车（EQ1092）。

2）常用修理工具。

3）转向参数测量仪。

4）弹簧秤。

3. 实训内容

（1）清洁　清洁转向器外表及通气塞。

（2）检查

1）基本检查。

① 检查转向器有无漏油现象，若有漏油应查明漏油原因。

② 检查转向器油面，应不低于检视口下沿 15mm。

③ 检查转向器的紧固情况，转向器安装应牢固、可靠。

④ 检查操纵状况。使车辆在各种条件下行驶，检查转向盘操纵力的大小、摆动量、回位状况、稳定性等。

2）转向盘自由行程的检查。汽车每行驶 12000km 时，应检查转向盘的自由行程，其标准值：从中间位置向左或向右均应 ≤ 10°（最大设计车速 ≥ 100km/h 的机动车）或 15°（最大设计车速 < 100km/h 的机动车）。

① 将汽车停放在平坦、坚实的路面上，使前轮处于直线行驶位置。

② 将图 2-44 所示的转向参数测量仪安装于转向盘上，并接好电源。

③ 按下"角测"按钮，向一个方向缓慢转动转向盘直至车轮开始摆动，停止转动转向盘，这时仪器显示出转向盘的自由转动角度。将转向盘回正后，可测出另一个方向的自由转动角度。也可将转向盘打到一个车轮即将开始摆动到另一个车轮即将开始摆动的极限位置，即可测出转向盘自由行程。

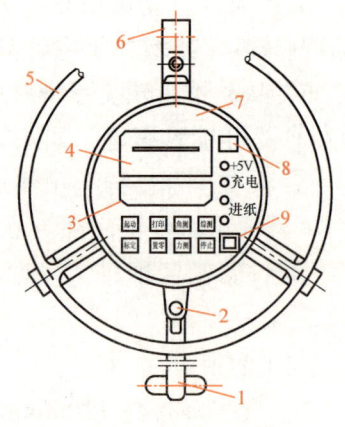

图 2-44　转向参数测量仪

1—固定杆　2—固定螺钉　3—显示器
4—打印机　5—操纵盘　6—连接叉
7—主轴箱　8—电压表　9—电源开关

3）转向盘松脱或松旷的检查。用双手握住转向盘，在轴向和径向上用力摇动，观察此时转向盘是否移位。由此了解转向盘与转向轴的安装情况，轴承是否松旷等。

4）转向盘转动阻力的检查。转向盘转动阻力可用图 2-45 所示弹簧秤拉动转向盘边缘进行测量。测量时顶起前桥，按下"力测"按钮，缓慢地将转向盘由一端尽头转到另一端尽头，即可测出转动力矩 M。再根据转动半径 r，即可求出转向盘边缘上的转动力 F：

$$F = M/r$$

式中　M——转动力矩；

r——转动半径（即转向盘半径）。

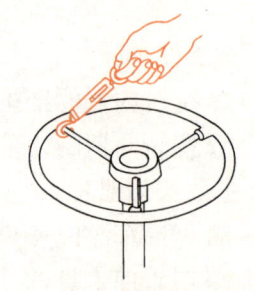

图 2-45　转向阻力的检查

5）转向器主传动副啮合间隙的检查。用手握住转向摇臂，用力推拉应无松旷感觉，如图2-46所示。若有松动，则说明转向螺母齿条与转向摇臂轴扇齿（循环球式）或主销与蜗杆（指销式）的啮合间隙过大，应予调整。转动摇臂时，灵活自如、无卡滞现象为合适。

6）转向摇臂轴锯齿花键的检查。拆下转向摇臂轴锁紧螺母及垫圈，用拉力器拆下转向摇臂，检查转向摇臂轴端部锯齿花键是否有损坏，其牙齿损坏不得超过2个。

注意： 拆卸时转向摇臂轴与摇臂的装配标记，无装配标记时应做好标记。

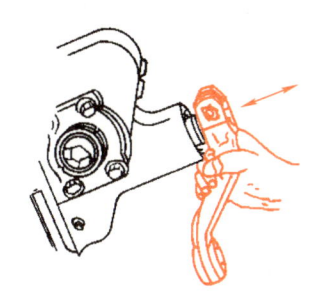

图2-46 转向器主传动副啮合间隙的检查

（3）调整

1）转向盘自由行程的调整（循环球式）。在调整之前，转向器应固定良好，转向传动机构各连接部位应间隙正常，轮毂轴承及转向节应间隙正常

① 松开调整螺钉锁紧螺母，如图2-47所示。

② 旋入（或旋出）调整螺钉。

③ 左右转动转向盘，重新检查转向盘自由行程，当其自由行程符合规定时，拧紧锁紧螺母。

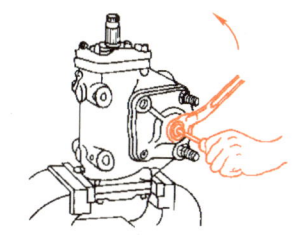

图2-47 转向盘自由行程的调整

2）转向螺杆两端轴承预紧度的调整（循环球式）。增减转向器下盖处的调整垫片，直到转向螺杆没有轴向间隙，且转动灵活为止，如图2-48所示。

3）蜗杆轴推力轴承预紧度的调整。推力轴承预紧度的调整，应在摇臂轴未装入壳体之前进行。调整时使用的专用工具，如图2-49所示。

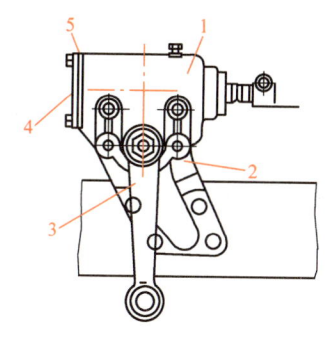

图2-48 转向螺杆轴承预紧度的调整

1—转向器 2—转向器支架 3—转向摇臂
4—转向器下盖 5—调整垫片

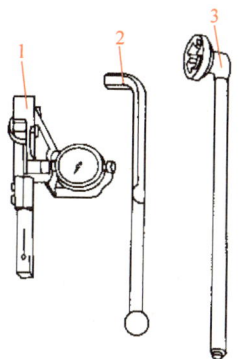

图2-49 调整蜗杆轴推力轴承预紧度的专用工具

1—力矩检测仪 2—内六角扳手 3—专用扳手

① 用内六角扳手把螺塞拧到底，再退回1/8~1/4圈，使蜗杆轴在输入端具有1.0~1.7N·m的预紧力矩，如图2-50所示。

② 用专用扳手将锁紧螺母拧紧，把调整螺塞锁死，其拧紧力矩为49N·m，如图2-51所示。锁紧调整螺塞时，要保证调整螺塞位置不变。锁紧后应复查输入端扭矩是否符合要求，否则应重新调整。

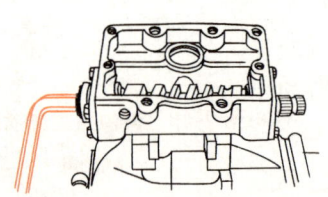 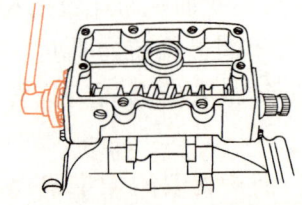

图2-50 蜗杆轴推力轴承预紧度的调整（一）　　图2-51 蜗杆轴推力轴承预紧度的调整（二）

4）指销轴承预紧度的调整。调整之前，应更换轴承止动垫片。调整时，把主销上的螺母拧紧，使主销能转动自如，并无轴向间隙为合适。调整后，将止动垫片翻起1~2齿，将螺母锁紧，如图2-52所示。

5）指销与蜗杆啮合间隙的调整。

① 松开摇臂轴调整螺钉的锁紧螺母。

② 将蜗杆轴转到转不动位置后，再退回3圈左右，使指销处于蜗杆的中间位置，如图2-53所示。

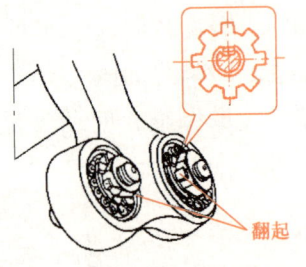 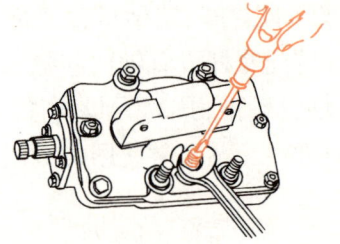

图2-52 指销轴承预紧度的调整　　图2-53 指销与蜗杆啮合间隙的调整

③ 沿顺时针方向旋转调整螺钉，同时来回转动蜗杆，直到感觉有阻力为止。

④ 在蜗杆的输入端检查转动力矩，应不大于2.7N·m。

⑤ 在调整螺钉的周围涂上密封胶，然后拧紧锁紧螺母。

⑥ 复查蜗杆输入端的转动力矩，如有变化应重新调整，直到符合要求为止。

经验方法：指销处于蜗杆的中间位置，用螺钉旋具将调整螺钉拧到底，再退回1/8圈；轴向推、拉摇臂轴，无明显间隙感觉；转动摇臂时，灵活自如、无卡滞现象为合适。

（4）转向器的润滑

1）汽车每行驶4000km时，应检查转向器润滑油液面，不足时应添加到加油孔下沿。

2）汽车每行驶 48000km 时，应更换转向器润滑油。

技能训练六　诊断排除离合器打滑故障

1. 实训要求
1）掌握离合器打滑故障的现象及原因。
2）能够排除离合器打滑故障。

2. 主要实训器材
1）实训汽车。
2）常用修理工具。
3）游标卡尺。
4）离合器打滑频闪测定仪或正时灯。

3. 故障现象
1）汽车起步时，完全放松离合器踏板，汽车仍不能行走。
2）汽车在行驶中加速时，发动机转速升高，但车速不能同步增加。
3）汽车重载、上坡时打滑较明显，严重时可闻到离合器摩擦片的焦臭味。

4. 故障原因
1）离合器踏板自由行程过小或没有，使压盘处于半分离状态。
2）压紧弹簧或膜片弹簧过软或折断。
3）摩擦片磨损过薄、表面硬化、铆钉外露或摩擦片沾有油污。
4）离合器盖与飞轮的连接螺栓松动。
5）离合器分离杠杆高度调整不当，其内端不在同一个平面上。
6）离合器压盘磨损严重或变形。

5. 故障诊断与排除

1）检查离合器踏板自由行程，如不符合要求，应予以调整

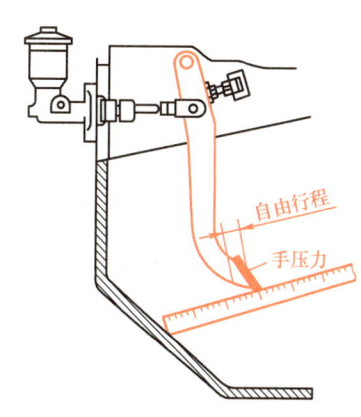

（续）

2）若自由行程符合要求，则应拆下离合器壳底盖，检查离合器盖与飞轮的连接螺钉是否松动。如有松动，应予以紧固	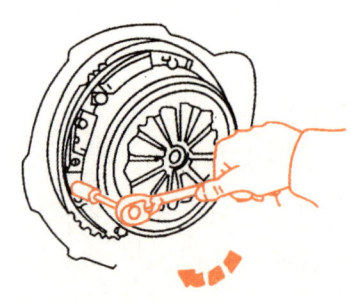
3）离合器盖与飞轮的连接无松动时，再检查离合器分离杠杆内端高低。如不符合要求，应调整分离杠杆的高度	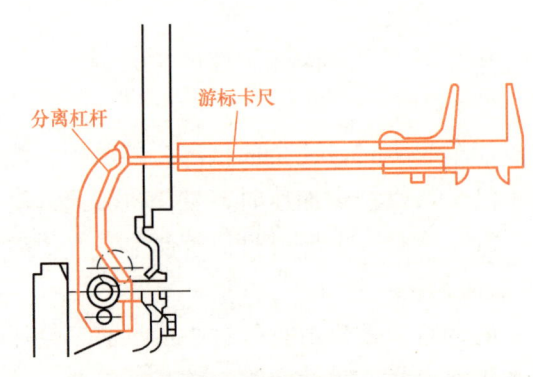
4）若经上述检查后仍然打滑，则应拆下离合器总成，检查离合器摩擦片。若摩擦片磨损过多变薄或铆钉头外露，应予以更换；若摩擦片有油污，应用汽油清洗并烘干，然后找出油污来源，予以排除	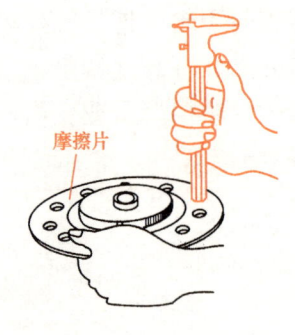
5）若摩擦片良好，则应分解离合器，检查压紧弹簧（或膜片弹簧）。若变形或弹力过弱，应予以更换	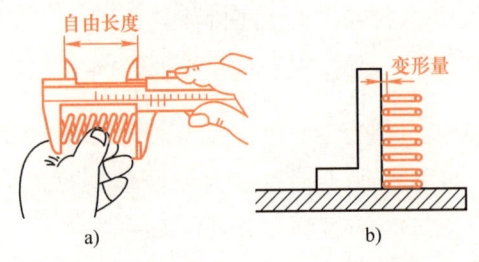

(续)

6）检查离合器压盘或发动机飞轮表面的变形和磨损情况。若变形量过大，应予以修理或更换

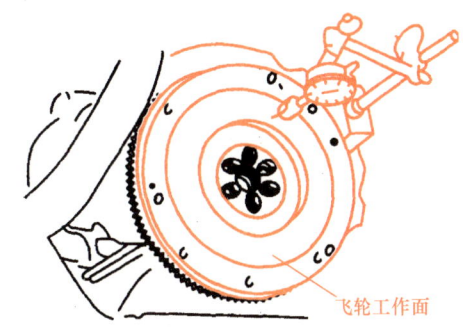

飞轮工作面

链接 12

离合器故障诊断

技能训练七　诊断排除手动变速器掉档故障

1. 实训要求

1）掌握手动变速器掉档故障的现象及原因。

2）能够排除手动变速器掉档故障。

2. 主要实训器材

1）实训汽车。

2）常用修理工具。

3. 故障现象

在行驶中，变速器自动跳至空档位置，自动掉档一般发生在中、高速负荷突然变化或车辆剧烈振动时。

4. 故障原因

1）变速器与离合器壳的固定螺栓松动。

2）变速器自锁装置失效。

3）变速杆变形。

4）变速器换档拨叉翘曲变形或严重磨损，致使齿轮挂档不到位。

5）同步器磨损严重或损坏。

6）变速器齿轮、齿套磨损过量，沿齿长方向形成锥形。

7）变速器输出轴花键齿与滑动齿轮或接合套花键齿槽磨损松旷。

8）轴承磨损过甚、松旷，使齿轮不能正确啮合而上下摆动。

9）变速器中间轴轴向间隙过大。

5. 故障诊断与排除

1) 检查远距离操纵的变速操纵机构是否松动或失调。如有松动或失调，应予以修理或调整

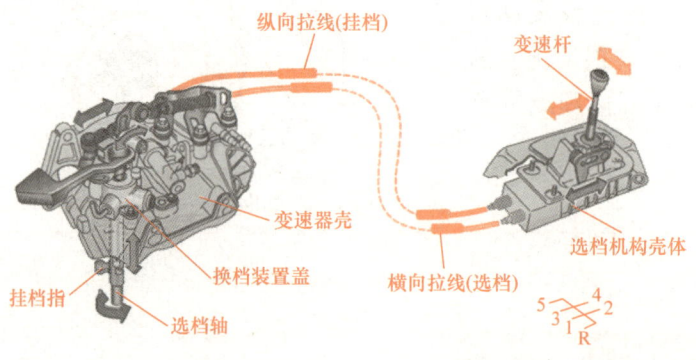

2) 检查变速器与离合器壳的固定螺钉（或螺栓）是否松动。如有松动，应予以紧固

3) 若固定螺钉（或螺栓）不松动，则应拆下变速器盖，检查齿轮轮齿、齿套是否磨损成锥形，并检视滑动齿轮和第二轴花键的配合情况。若磨损严重或配合松动，应更换磨损严重的零部件

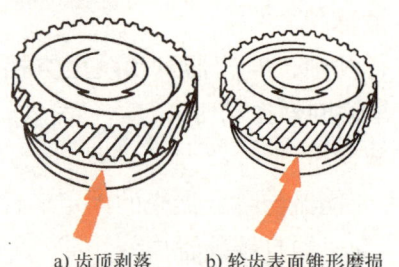

a) 齿顶剥落　　b) 轮齿表面锥形磨损

4) 上述检查均正常时，再检查变速杆、拨叉是否磨损、变形，拨叉紧固螺钉是否松动。如有严重磨损、变形或松动，应修复或更换

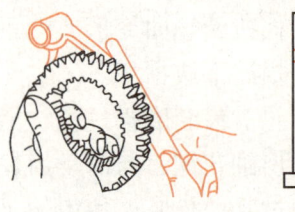 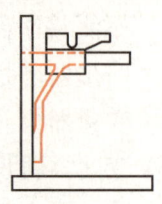

a) 检查拨叉和拨叉槽间隙　　b) 检查拨叉是否变形

（续）

5）若拨叉和变速杆正常，则应检查拨叉轴自锁装置，其凹槽和自锁钢球是否磨损严重，弹簧有无变形、折断或疲劳变软。若凹槽和钢球磨损严重，弹簧不合要求，则应予以更换	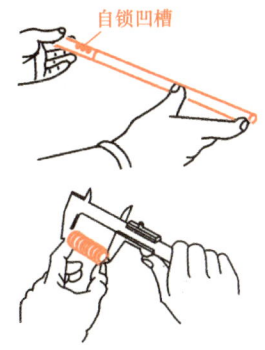
6）若上述检查均正常，则应将变速器拆下解体，检查轴承是否严重磨损、松旷。如轴承磨损严重、松旷，应予以更换	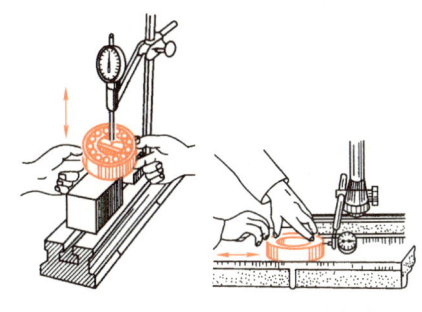 a) 检查轴向间隙　　b) 检查径向间隙
7）检查齿轮与轴配合的轴向间隙和径向间隙。如超过规定限度，应予以更换	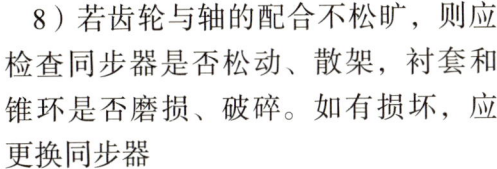 a) 检查轴向间隙　　b) 检查径向间隙
8）若齿轮与轴的配合不松旷，则应检查同步器是否松动、散架，衬套和锥环是否磨损、破碎。如有损坏，应更换同步器	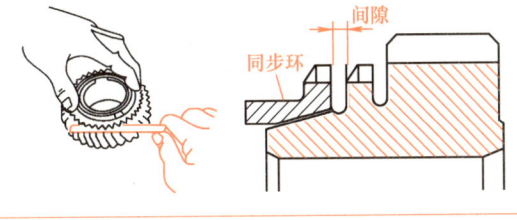

9）若仍未发现故障，则应检查变速器第一轴与发动机曲轴的同轴度是否超限。检查时，旋松变速器固定螺钉（或螺栓），挂上直接档，松开驻车制动器，用手摇柄摇转发动机，观察变速器与离合器壳的接触面是否一致。若接触面间隙一边大一边小，则说明变速器第一轴与发动机曲轴不同轴。如果同轴度超限，则应拆卸检查飞轮壳承孔和变速器第一轴轴承盖、第一轴前轴承的磨损情况。若磨损过甚，视情况加以修复或更换

链接 13

手动变速器故障诊断

技能训练八　自动变速器失速试验

1. 实训要求

运用转速表进行自动变速器的失速试验。

2. 主要实训器材

1）装备自动变速器的整车。

2）转速表。

3）常用修理工具。

3. 技术标准

以日本丰田汽车公司的雷克萨斯 LS400 轿车为例。该轿车"D"位时的失速转速为（2000±150）r/min，"R"位时也为相同数值。

若试验结果为"D"位和"R"位失速转速都低，则可能的问题为发动机输出功率不足或导轮单向离合器运转不正常。此时要注意的是，如果失速转速低于规定值 600r/min 以上，则极有可能是液力变矩器单向离合器的故障。若试验结果为"D"位和"R"位失速转速均高，则可能的问题是自动变速器油液位不正确或超速档单向离合器运转不正常。

如果试验发现仅是"D"位失速转速高，那么可能的问题大致为油路压力太低，前进档离合打滑，2号单向离合器以及超速档单向离合器运转不正常。如果仅是"R"位失速转速高，则可能的故障原因有油路压力太低，直接离合器打滑，第一档和倒档制动器打滑，以及超速档离合器打滑等。

4. 基本操作步骤

步骤 1：检测前准备

自动变速器油温在 50～80℃ 范围内，为保证安全，应选择开阔且有良好附着力的平坦地面，同时，试验要由两人配合进行，一人进行试验，另一人在车外观察车轮或车轮垫木的情况。

步骤 2：检测

1）试验时，先用垫木挡住 4 个车轮，然后将转速表接至发动机，拉紧驻车制动器，再将制动踏板牢牢地踩到底。

2）准备就绪后，起动发动机，将变速杆拉至"D"位，再将加速踏板一脚踩到底，与此同时，记住发动机的最高转速，即失速转速。

3）将变速杆推至"R"位进行同样的试验，并快速读出相应的失速转速。

4）试验完成后，将"D"位和"R"位的失速转速与汽车制造厂家提供的失速转速标准值进行比较，以分析原因，找出故障所在。

步骤3：清理现场

整理现场的工具并清洁现场。

注意：因为失速发生时发动机所发出的全部能量都转化为液体的动能，所以液力变矩器中油液的剪切、冲击和温升均相当大。因此，自加速踏板踩下到松开，整个时间不得超过5s，以防油温急剧升高和液力变矩器损坏。另外，连续试验的次数也不得超过3次，且连续试验时，应待油温降至正常后再做下一次试验。

链接 14

自动变速器试验

技能训练九　诊断排除传动轴发抖或前驱动轴振动故障

1. 实训要求

1）掌握传动轴发抖或前驱动轴振动故障的现象及原因。

2）能够排除传动轴发抖或前驱动轴振动故障。

2. 主要实训器材

1）实训汽车。

2）常用修理工具。

3）传动轴动平衡试验机。

3. 故障现象

1）若为传动轴振动，则当汽车行驶达到一定速度时，车身出现严重振动，车门、转向盘等强烈振响。

2）若为前驱动轴振动，则当汽车加速行驶或高速行驶时会出现前驱动轴振动，严重时车身也出现振响。

4. 故障原因

1）传动轴弯曲。

2）传动轴轴管凹陷、平衡片脱落或装配时未按标记装配。

3）中间支承轴承支架橡胶垫环隔套磨损松旷。

4）传动轴万向节十字轴回转中心与传动轴同轴度超差。

5）变速器第二轴花键与凸缘花键槽磨损松旷或凸缘锁紧螺母松动。

6）传动轴花键齿与键槽配合严重松旷。

7）传动轴凸缘与轴管焊接时位置歪斜，或焊接后未进行动平衡试验或校正。

5. 故障诊断与排除

1）汽车行驶时产生周期性声响和振动，车速越快振抖越大，应检查装配标记是否对正，平衡片是否脱落，传动轴轴管是否凹陷。如有问题，应重新装配或修理

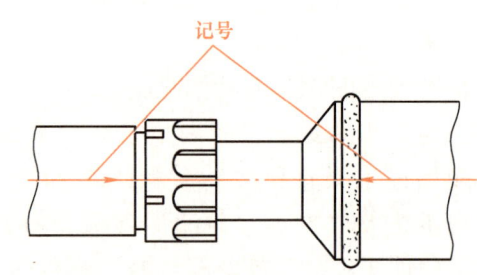

2）进一步诊断，应拉紧驻车制动器，用两手握住传动轴轴管来回转动。若有晃动感，则应检查各连接螺栓是否松动。若松动，应予以紧固。然后检查传动轴花键配合是否松旷，如松旷，应修理或更换

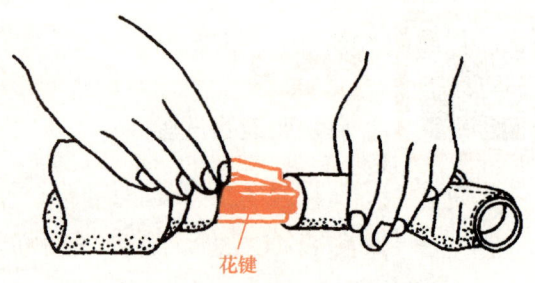

3）若以上检查均完好，则应拆下传动轴，检查传动轴是否弯曲变形。如弯曲变形，应予以校正

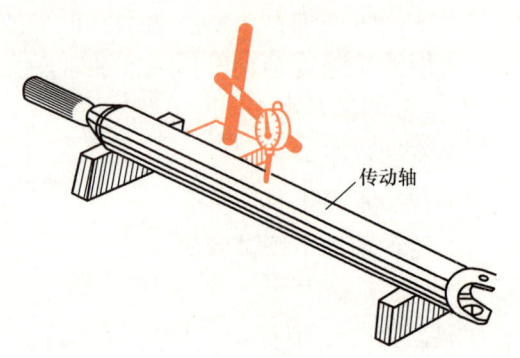

4）检查十字轴轴颈和滚针轴承是否磨损松旷、滚针碎裂。如不符合要求，应予以修理或更换

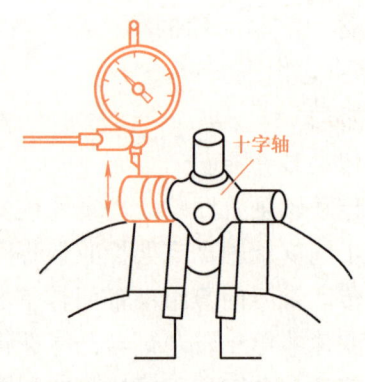

（续）

5）若汽车行驶时呈连续振响，则应在发动机熄火后，用手握住中间传动轴，径向晃动，检查中间支承支架固定螺栓是否松动，轴承是否磨损松旷，橡胶垫环隔套是否径向间隙过大。如不符合要求，应予以修理或更换

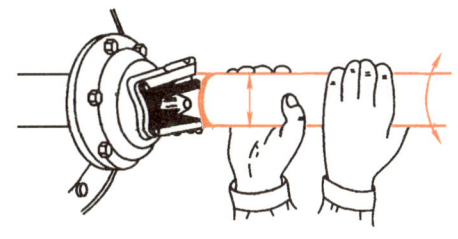

6）若为前桥驱动的，则应拆检前驱动轴内侧等速万向节的滚道表面和钢球是否严重磨损、卡滞。如过度磨损或卡滞，应更换内侧等速万向节

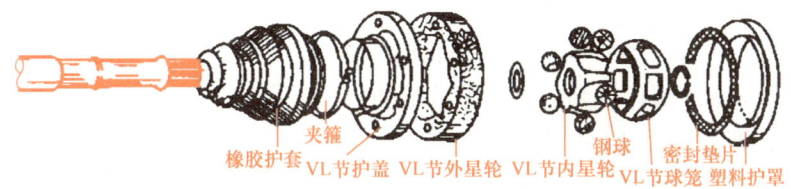

夹箍　橡胶护套　VL节护盖　VL节外星轮　VL节内星轮　钢球　VL节球笼　密封垫片　塑料护罩

链接 15

传动轴故障诊断

技能训练十　诊断排除后驱动桥异响故障

1. 实训要求

1）掌握后驱动桥异响故障的现象及原因。

2）能够排除后驱动桥异响故障。

2. 主要实训器材

1）实训汽车。

2）常用修理工具。

3）传动系游隙检测仪。

3. 故障现象

1）汽车行驶时，驱动桥有异响，而脱档滑行时异响减弱或消失。

2）汽车挂档行驶和脱档滑行时，驱动桥均有异响。

3）汽车转弯行驶时，驱动桥有异响，而直线行驶时无异响。

4. 故障原因

1）减速器内润滑油油量不足、变稀或变质。

2）主动锥齿轮轴承磨损、调整不当、凸缘未压紧。

3）差速器圆锥滚子轴承损坏、松旷。

4）主、从动锥齿轮啮合间隙过大或过小。

5）主、从动锥齿轮啮合不良、轮齿损伤。

6）半轴齿轮花键槽与半轴配合松旷。

7）行星齿轮转动困难。

8）行星齿轮轮齿表面损伤、折断。

9）行星齿轮与半轴齿轮不配套、啮合不良。

10）主减速器从动齿轮与差速器壳的铆钉松动。

5. 故障诊断与排除

1）若汽车直线行驶时无异响，而转弯时后驱动桥出现异响，则应检查差速器两端轴承是否松旷，必要时加以调整。若不松旷，则应将差速器拆下，分解检查行星齿轮、半轴齿轮、行星齿轮轴是否磨损松旷或行星齿轮啮合不良。若不符合要求，应予以修理或更换

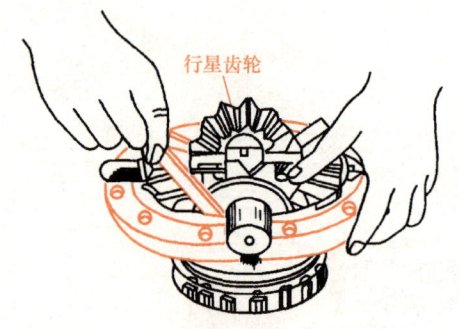

2）若挂档行驶时后驱动桥有异响，而空档滑行时异响减轻或消失，则应将主减速器拆下，分解检查后驱动桥主、从动锥齿轮的轮齿是否损伤折断，啮合间隙是否过大，啮合痕迹是否符合要求。若有损伤或不符合要求，应更换或进行调整

3）若汽车无论挂档行驶还是空档滑行，后驱动桥均有异响，则应检查润滑油量是否充足，必要时按要求加足。若润滑油量充足，则应将主减速器和差速器拆下，检查主、从动锥齿轮的啮合间隙和差速器轴承。若不符合要求，应调整齿轮啮合间隙和轴承松紧度，必要时更换轴承

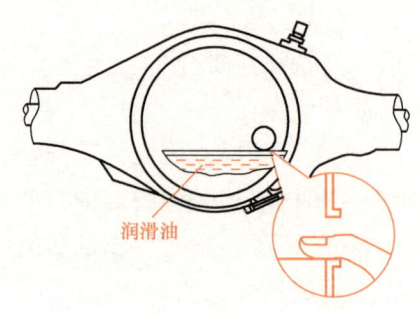

(续)

4）若汽车在上、下坡时后驱动桥均有异响，则应将主减速器拆下，检查主、从动锥齿轮的啮合间隙和啮合印痕是否恰当。若不符合要求，应予以调整

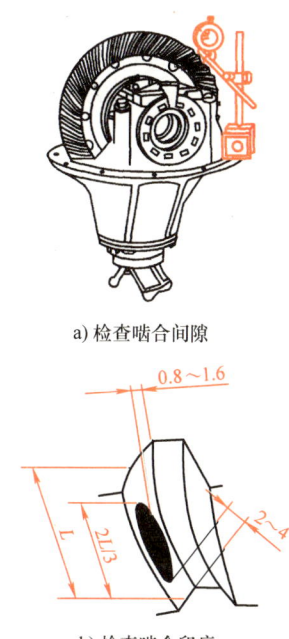

a) 检查啮合间隙

b) 检查啮合印痕

链接 16

后驱动桥过热故障诊断

技能训练十一　诊断排除轮胎胎面磨损不均匀故障

1. 实训要求
1）了解轮胎胎面磨损不均匀故障的现象及原因。
2）能够排除轮胎胎面磨损不均匀故障。

2. 主要实训器材
1）实训汽车。
2）常用修理工具。

3. 故障现象
汽车行驶一段里程后，轮胎胎面出现磨损不均匀的现象。

4. 故障原因
1）轮胎气压不足或长时间超速、超载。

2）轮胎气压过高。

3）前轮外倾过大或过小。

4）前轮前束不正确。

5）车轮动不平衡。

6）轮毂轴承松旷。

7）轮辋变形。

8）经常使用紧急制动或制动拖滞。

9）轮胎未按规定换位。

5. 故障诊断与排除

1）若轮胎胎冠两肩磨损严重，说明轮胎长时间气压过低或超载，应按规定给轮胎充气和装载	
2）若轮胎胎冠中部磨损严重，说明轮胎长时间气压过高，应按规定给轮胎放气	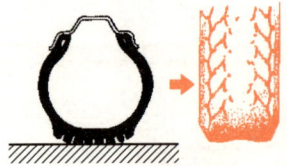
3）若轮胎胎冠外侧磨损严重，说明车轮外倾角过大，应调整	
4）若轮胎胎冠内侧磨损严重，说明车轮外倾角过小，应调整	

（续）

5）若轮胎胎冠出现由外侧向内侧或由内侧向外侧呈锯齿形磨损，说明车轮前束值过大或过小，应调整	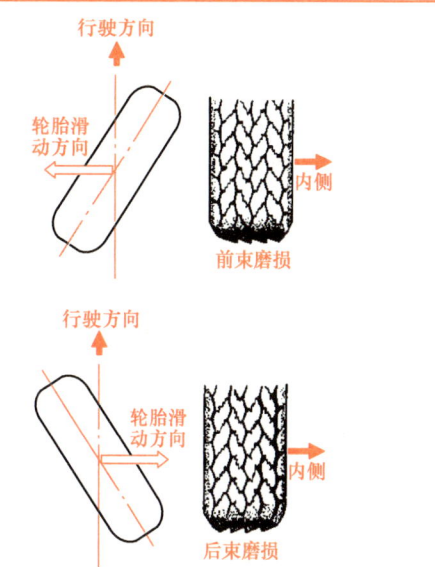
6）若轮胎胎冠出现呈波浪形或碟边形磨损，说明车轮动不平衡，轮毂轴承松旷，轮辋变形，经常使用紧急制动或制动拖滞，应分别检查和维修	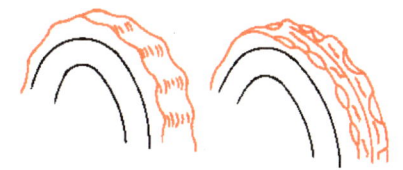
7）若轮胎胎面出现扇形磨损，说明轮胎缺少换位	

技能训练十二　诊断排除行驶跑偏故障

1. 实训要求

1）掌握行驶跑偏故障的现象及原因。

2）能够排除行驶跑偏故障。

2. 主要实训器材

1）实训汽车。

2）常用修理工具。

3）轮胎气压表。

4）转向参数测量仪。

3. 故障现象

汽车行驶中，转向轮自动偏向一边，必须紧握转向盘方能保持直线行驶；若稍微放松转向盘，汽车便自行跑向一边，有时其偏转力越来越大。

4. 故障原因

1）左右前轮气压不相等或轮胎直径不等。

2）两前轮的定位角不等。

3）两前轮轮毂轴承的松紧度不等。

4）车架变形或左右轮距相差太大。

5）前桥（整轴式）弯曲变形或下控制臂（独立悬架式）安装位置不一致。

6）转向轴两侧悬架弹簧弹力不等。

7）前束过大或过小。

8）一边车轮制动拖滞。

9）前后车轴不平行。

5. 故障诊断与排除

1）检查左、右轮胎新旧程度，外径尺寸及气压是否一致。保证两转向轮外径尺寸相同，并按规定加以充气

2）若气压一致，则可用手触摸跑偏边的制动鼓和轮毂轴承是否过热。若过热，调整制动间隙或轮毂轴承

3）若不过热，则应检查转向节臂、转向臂、横拉杆、直拉杆、前稳定杆和前摆臂是否变形，钢板弹簧是否折断或弹力不均，必要时应予以校正或更换

(续)

4）检查前束是否符合要求，两前轮主销后倾角、前轮外倾角是否相同。若不符合要求，应予以修理	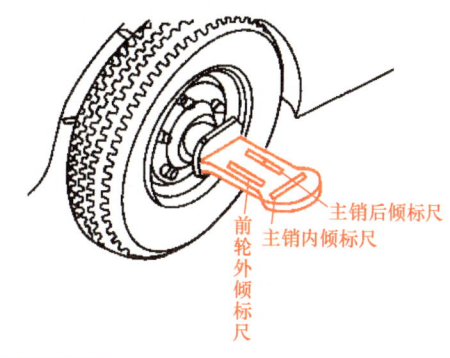
5）若以上检查均正常，则应检查左、右轴距是否相等，转向桥和车架是否变形。若不符合要求，应予以修理	

技能训练十三　诊断排除动力转向系统转向沉重故障

1. 实训要求

1）掌握动力转向系统转向沉重故障的现象及原因。

2）能够排除动力转向系统转向沉重故障。

2. 主要实训器材

1）实训汽车。

2）常用修理工具。

3）前轮定位仪。

4）轮胎动平衡仪。

3. 故障现象

装有动力转向系统的汽车，在行驶中突然感到转向沉重。

4. 故障原因

一般是液压助力转向系统失效或助力不足所造成的，其根本原因在于液压不足，引起转向系统油压不足的主要原因有：

1）储油罐缺油或油液高度低于规定要求。

2）液压回路中渗入了空气。

3）液压泵传动带过松或打滑。

4）各油管接头处密封不良，有泄漏现象。

5）油路堵塞或滤清器污物太多。

6）液压泵磨损、内部泄漏严重。

7）液压泵安全阀泄漏、弹簧弹力减弱或调整不当。

8）动力缸或转向控制阀密封损坏。

5. 故障诊断与排除

1）检查液压泵传动带是否松弛。若过松，应予以调整	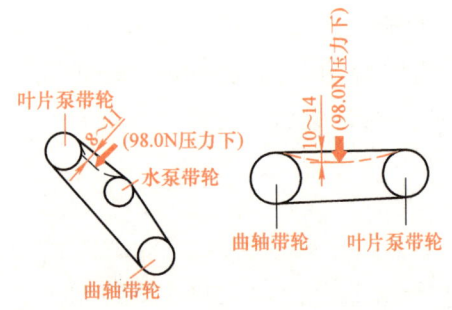
2）工作油温检查：发动机怠速运转，左、右转动转向盘数次，检查液力系统工作油温能否达到标准值	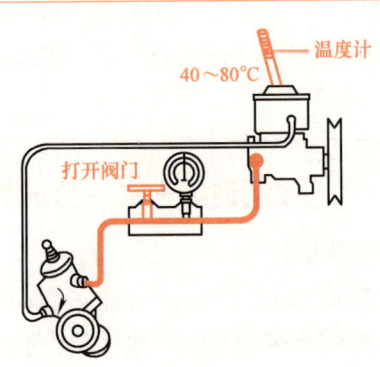
3）检查储油罐内液面是否过低。若过低，应按要求添加油液	
4）检查储油罐内的油液是否混浊、脏污，有无泡沫。若发现有泡沫，则应检查各接头和集流管紧固螺钉是否松动，从而使空气渗入。在排除漏油漏气部位故障后，再排除油液中的空气。若油液过于脏污混浊，应更换油液和油封	

（续）

5）转向齿轮的油压检查。若测得油压过低，则转向器有内泄漏现象，应对转向器检修	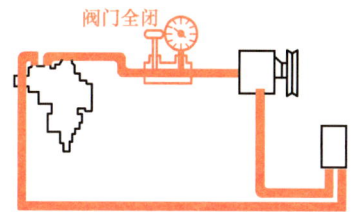
6）液压泵输出油压检查。若测得油压低于规定数值，则应检查限压阀和溢流阀。若已损坏，应更换	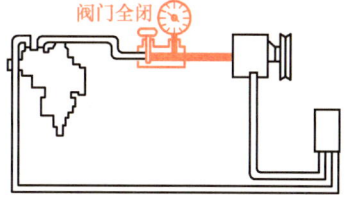

技能训练十四　诊断排除电动助力转向系统故障

1. 转向无助力故障诊断排除

（1）故障现象　转向无助力。

（2）故障原因

1）控制系统线束插接件接触不良。

2）系统熔丝烧断。

3）继电器损坏。

4）控制器、电动机或传感器损坏。

（3）故障诊断与排除方法

1）检查控制系统线束插接件是否完全插好。

2）更换熔丝（30A）。

3）更换继电器。

4）与供应商联系，更换电动助力转向系统。

2. 左右助力轻重不一故障诊断排除

（1）故障现象　左右助力轻重不一样。

（2）故障原因

1）传感器中位输出电压调整有偏差。

2）控制器、电动机或传感器损坏。

（3）故障诊断与排除方法

1）断开电动机插接件，松开传感器调整螺钉，调整传感器位置，使其中位输出电压为 1.65V±0.05V。

2）与供应商联系，更换电动助力转向系统。

3. 转向盘摆动故障诊断排除

（1）故障现象　系统刚开始工作时，转向盘出现两边摆动。

（2）故障原因

1）电动机助力反方向。

2）控制器或传感器损坏。

（3）故障诊断与排除方法

1）将电动机端（粗线）的红色线与黑色线位置调换。

2）与供应商联系，更换电动助力转向系统。

4. 转向沉重故障诊断排除

（1）故障现象　转向变沉重。

（2）故障原因

1）电池亏电。

2）电动机损坏（功率降低）。

3）轮胎（前）气压不足。

（3）故障诊断与排除方法

1）充电。

2）与供应商联系，更换电动助力转向系统。

3）充气。

5. 左右晃动故障诊断排除

（1）故障现象　车在使用过程中感觉左右晃得特别厉害。

（2）故障原因　左右摆臂，球头磨损厉害，造成松旷量很大。

（3）故障诊断与排除方法　更换摆臂、球头系统。

6. 行车跑偏故障诊断排除

（1）故障现象　行车过程中有跑偏现象。

（2）故障原因

1）本车自身跑偏：建议做四轮定位。

2）传感器跑偏：建议调整传感器参数，做四轮定位。

3）由于转向器受到严重撞击或坑道撞击，造成传感器跑偏。

4）左右摆臂，球头磨损厉害，造成松旷量很大。

（3）故障诊断与排除方法

1）调整传感器参数，做四轮定位。

特别注意：在正常做四轮定位时，不需要拆卸电动管柱。如果在换新转向器，需要做四轮定位时，要先拆下电动管柱或者下连接轴，以防止因换上新转向器前倾角角度差距而瘪坏电动管柱。

2）更换摆臂、球头系统。

7. 左右方向发紧故障诊断排除

（1）故障现象　左右打转向盘时，部分地方有发紧情况。

（2）故障原因

1）下连接轴安装靠下，碰及转向机。

2）转向器老化、竖轴被锈蚀或转向器内部结构磨损。

3）压力轴承、减振器、球头磨损或损坏，左右悬架受力不同。

4）下连接轴安装角度与上方向管柱配合不好。

（3）故障诊断与排除方法

1）调整下连接轴与转向机的间隔，中指一扁指为宜。

2）更换转向器（夏利、吉利两年以上车属正常，无须更换转向器）。

3）检查转向器连接系统，更换相应器件。

4）安装时，最后拧紧下连接轴活动万向节第二个螺钉。装好以后先把上下两个螺钉拧好，再左右晃几下转向盘，让下连接轴处于自由状态，最后拧紧第二个螺钉。

8. 动力转向工作有噪声故障诊断排除

（1）故障现象　系统工作有噪声。

（2）故障原因

1）电动机损坏。

2）下转向轴总成或机械转向总成间隙太大。

3）下转向轴总成或电动管柱总成安装不牢固（过坑洼有异响）。

（3）故障诊断与排除方法

1）更换转向器（转向器间隙造成异响时）。

2）检查电动机，更换电动机。

3）检查各安装螺栓是否锁紧，加固。

注意：

1）动力系统各零件螺钉点漆处不允许拆卸。特别是控制器固定支承架及保险盒固定支承架不允许松动及拆卸，否则有可能导致传感器参数改变，从而使左右助力轻重不一样。

2）发动机工作时尽量不要接插控制器及电动机、传感器，以防止由于电流对其冲击造成控制损坏。

3）装助力时应尽量把电源负极卸掉，以防止装车时因为短路烧坏电路。

链接 17

转向系统故障诊断

技能训练十五　诊断排除液压制动不良故障

1. 实训要求
1）了解液压制动不良故障的现象及原因。
2）能够排除液压制动不良故障。

2. 主要实训器材
1）实训汽车。
2）常用修理工具。
3）塞尺。
4）举升器。
5）卡尺。
6）轮胎气压表。
7）前轮定位仪。
8）钢卷尺。

3. 故障现象
1）汽车在行驶中,踩一次制动踏板不能减速或停车,连续踩几次制动踏板,效果也不好。
2）汽车紧急制动时,制动距离太长。

4. 故障原因
1）制动踏板自由行程太大。
2）制动液不足,储液室内液面太低。
3）制动液内进水或混进其他液体。
4）制动管路内进入空气或产生气阻。
5）制动总泵或分泵的活塞磨损严重,配合松旷。
6）皮碗老化,密封不良。
7）总泵的进油孔、补偿孔堵塞,造成油压不够。
8）制动软管老化过软。
9）管路或接头有泄漏处。
10）制动器方面的原因,与气压制动系统一样。
11）真空助力器各真空管路接头松动、脱落,管路有破裂处。
12）真空助力器的膜片破裂或者密封圈密封不良。
13）真空助力器单向阀密封不良。
14）真空助力器控制阀不良。
15）真空助力器辅助缸活塞磨损严重。
16）真空助力器辅助缸活塞皮碗不密封。

17）真空助力器辅助缸单向球阀不密封。

5.故障诊断与排除

1）连续踩下制动踏板，制动踏板位置能逐渐升高，再往下踩感到有弹性，可能是制动系统内混有空气或有气阻。若混有空气，则应对制动系统进行排气。若产生气阻，则应更换质量高、符合要求的制动液

2）一脚制动不灵，连续踩下制动踏板时，踏板位置逐渐升高且制动效果良好，这表明自由行程过大或摩擦片与制动鼓间隙过大，应予以调整

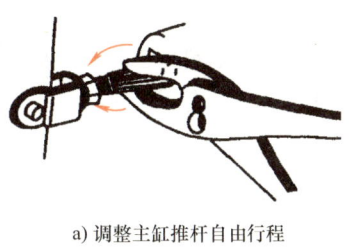

a) 调整主缸推杆自由行程

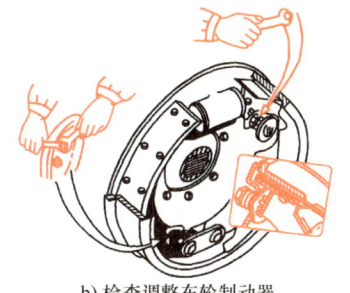

b) 检查调整车轮制动器

3）连续踩下制动踏板，踏板位置能逐渐升高，升高后继续用脚踩紧，此时若感到踏板下沉，表明制动系统中有漏油之处或制动主缸出油阀关闭不严，应检查油管、油管接头和主缸

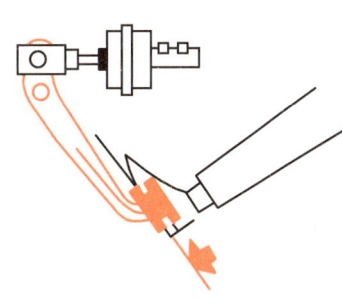

（续）

4）若踩下制动踏板时需用力大，而且感觉很硬，则应检查真空助力器

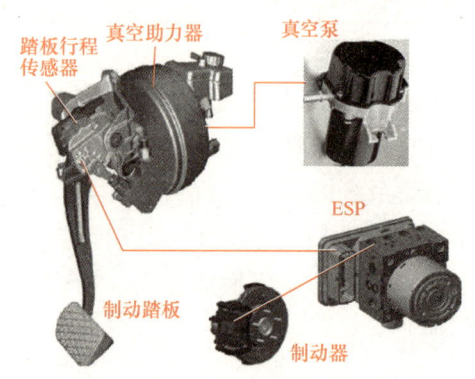

5）若踩下制动踏板时，制动踏板高度符合要求，也不软弱、不下沉，但制动效果不好，则应检修车轮制动器

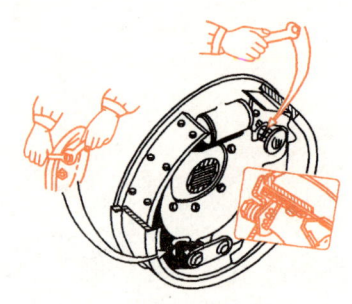

技能训练十六　诊断排除 ABS 工作异常故障

1. 实训要求

1）了解 ABS 工作异常故障的现象及原因。

2）能够排除 ABS 工作异常故障。

2. 主要实训器材

1）实训汽车。

2）常用修理工具。

3. 故障现象

1）无故障码显示。

2）制动力不足。

3）制动力不均匀。

4）ABS 工作异常。

4. 故障原因

1）齿圈损坏。

2）车轮轴承损坏。

3）传感器损坏。

4）ABS HCU（液压控制单元）损坏。
5）ABS ECU（电子控制单元）损坏。

5. 故障诊断与排除

1）检查传感器安装是否正确	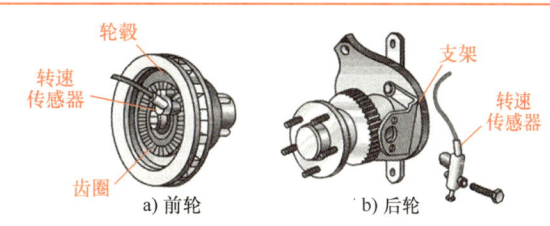 a) 前轮　　b) 后轮
2）检查传感器输出电压。若电压不正常，则检查各个传感器，若传感器不正常应予以更换	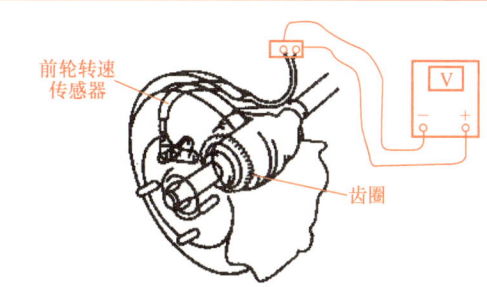
3）用 V.A.G1552 做液压控制单元诊断，若不正常应更换 ABS HCU	
4）检查各个传感器齿圈，若不正常应予以更换	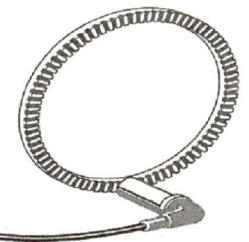
5）若各个传感器齿圈正常，则检查车轮轴承间隙。若不正常应予以修理或更换	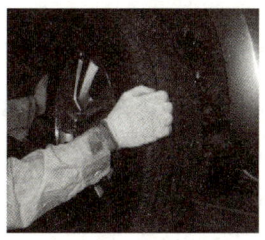

（续）

6）检查 ABS ECU 插座及中间插接器，若不正常应予以修理或更换	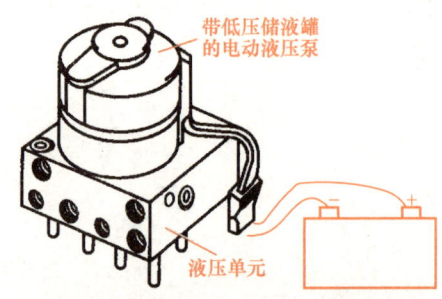
7）若以上检查均正常，则应检查 ABS 电线束各接线柱间的电阻值是否符合标准值。若不符合应更换 ABS ECU	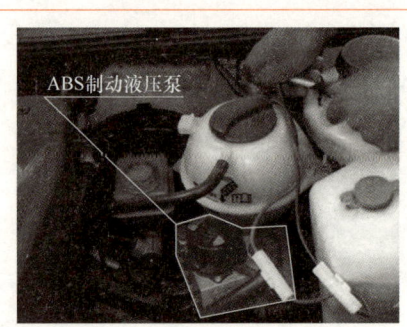

链接 18
制动系统故障诊断

复习思考题

1. 从动盘的检修技术要求有哪些？
2. 压盘总成的检修技术要求有哪些？
3. 变速器壳体的修理技术要求有哪些？
4. 变速器盖的修理技术要求有哪些？
5. 变速器轴的修理技术要求有哪些？
6. 万向节的检修技术要求有哪些？
7. 传动轴的检修技术要求有哪些？
8. 主减速器壳的修理技术要求有哪些？
9. 主、从动锥齿轮的修理技术要求有哪些？
10. 主、从动圆柱齿轮的修理技术要求有哪些？
11. 差速器的修理技术要求有哪些？

12. 转向器总成的检修技术要求有哪些？
13. 离合器故障的原因有哪些？
14. 离合器常见故障有哪些？
15. 手动变速器故障的原因有哪些？
16. 万向传动装置故障的原因有哪些？
17. 驱动桥故障的原因有哪些？
18. 行驶系统异响故障常见原因有哪些？
19. 轮胎磨损的原因是什么？
20. 悬架故障常见原因有哪些？
21. 如何检测、诊断电控悬架故障？
22. 如何诊断电动助力转向系统故障？
23. ABS 的故障类型都有什么？
24. 如何诊断排除离合器打滑故障？
25. 离合器打滑故障的现象及原因是什么？
26. 如何诊断排除离合器分离不彻底故障？
27. 离合器分离不彻底故障的现象及原因是什么？
28. 如何诊断排除离合器发响故障？
29. 离合器发响故障的现象及原因是什么？
30. 如何诊断排除手动变速器掉档故障？
31. 手动变速器掉档故障的现象及原因是什么？
32. 如何诊断排除变速器乱档故障？
33. 手动变速器乱档故障的现象及原因是什么？
34. 如何诊断排除变速器异响故障？
35. 手动变速器异响故障的现象及原因是什么？
36. 如何进行自动变速器液压试验？
37. 如何进行自动变速器失速试验？
38. 如何进行自动变速器时滞试验？
39. 如何诊断排除传动轴发抖或前驱动轴振动故障？
40. 传动轴发抖或前驱动轴振动故障的现象及原因是什么？
41. 如何诊断排除传动轴或前驱动轴异响故障？
42. 传动轴或前驱动轴异响故障的现象及原因是什么？
43. 如何诊断排除后驱动桥异响故障？
44. 后驱动桥异响故障的现象及原因是什么？
45. 如何诊断排除后驱动桥过热故障？
46. 后驱动桥过热故障的现象及原因是什么？

47. 如何诊断排除轮胎胎面磨损不均匀故障？
48. 如何诊断排除转向沉重故障？
49. 转向沉重故障的现象及原因是什么？
50. 如何诊断排除行驶跑偏故障？
51. 行驶跑偏故障的现象及原因是什么？
52. 如何诊断排除转向轮摆动故障？
53. 转向轮摆动故障的现象及原因是什么？
54. 如何诊断排除动力转向系统转向沉重故障？
55. 动力转向系统转向沉重故障的现象及原因是什么？
56. 如何诊断排除电动助力转向系统故障？
57. 如何诊断排除液压制动失效故障？
58. 液压制动失效故障的现象及原因是什么？
59. 如何诊断排除液压制动不良故障？
60. 液压制动不良故障的现象及原因是什么？
61. 如何诊断排除液压制动跑偏故障？
62. 液压制动跑偏故障的现象及原因是什么？
63. 如何诊断排除液压制动拖滞故障？
64. 液压制动拖滞故障的现象及原因是什么？
65. 如何诊断排除气压制动失效故障？
66. 气压制动失效故障的现象及原因是什么？
67. 如何诊断排除气压制动不良故障？
68. 气压制动不良故障的现象及原因是什么？
69. 如何诊断排除气压制动跑偏故障？
70. 气压制动跑偏故障的现象及原因是什么？
71. 如何诊断排除气压制动拖滞故障？
72. 气压制动拖滞故障的现象及原因是什么？
73. 如何诊断排除 ABS 工作异常故障？
74. ABS 工作异常故障的现象及原因是什么？

Chapter 3

项目 3 汽车电器检修

3.1 充电、起动系统单个故障诊断排除

3.1.1 充电系统故障诊断方法

1. 充电系统常用的故障诊断方法（表3-1）

表3-1 充电系统常用的故障诊断方法

诊断方法	图示	说明
直观检验法	晃动检查 晃动检查 晃动检查	充分运用眼、耳、鼻、手等感觉器官，感知电器及线路的工作状态、异响、温升、气味、颜色、火花及线路接触情况等，从而判断电器及线路工作状态的好坏
测电压法		电路系统运转时，通过测量各检测点的电压，根据其有无及大小判断故障范围
测电阻法	正向电阻测量　反向电阻测量	通过测量部分已切断线路或部件的电阻判断其中是否存在故障。注意被检测电路不得带电

（续）

<table>
<tr><th>诊断方法</th><th>图示</th><th>说明</th></tr>
<tr><td>断路比较法</td><td>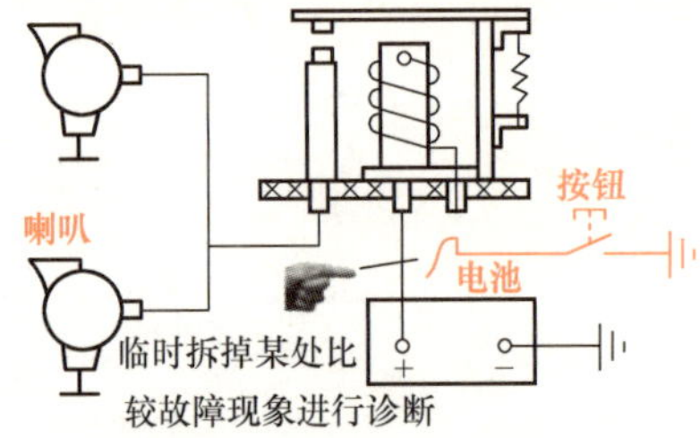
按钮
喇叭
电池
临时拆掉某处比
较故障现象进行诊断</td><td>将可疑电路暂时拆下，与拆前进行现象比较，从而验证其中是否存在故障</td></tr>
<tr><td>短路比较法</td><td>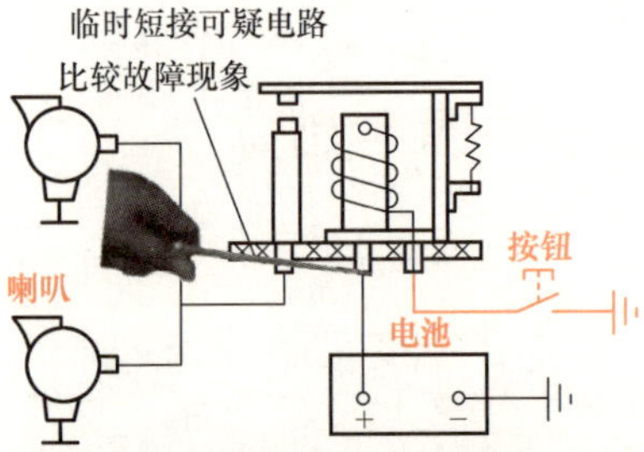
临时短接可疑电路
比较故障现象
按钮
喇叭
电池</td><td>将某段电路或部件短接，如果系统工作恢复正常，则说明被短接的线路或电器内部有断路或接触不良故障</td></tr>
<tr><td>低压试灯法</td><td>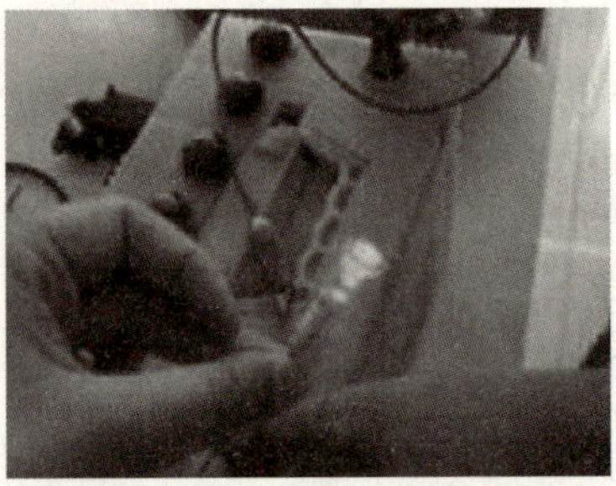</td><td>用低压试灯检测电路中某点是否有电，进而判断出故障范围</td></tr>
<tr><td>查看熔丝法</td><td>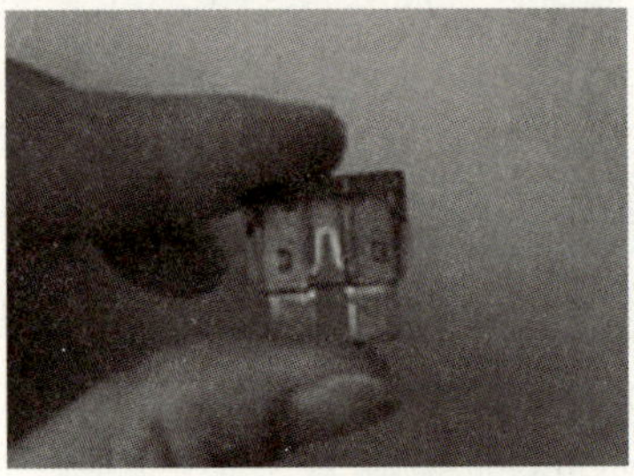</td><td>查看电路中的熔丝是否熔断，确定其后面电路中是否存在短路或过载故障</td></tr>
<tr><td>模拟故障环境法</td><td>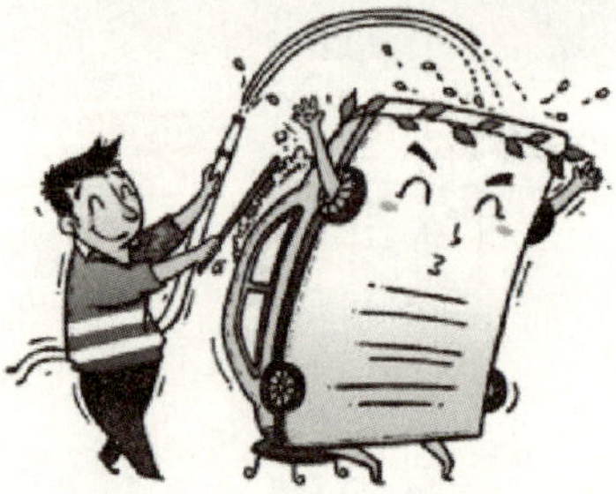</td><td>针对某些故障产生的特定振动、温度、湿度等条件，模拟当时环境，对可疑线路或部件进行摇动、加热、喷水等，从而验证是否存在故障，并分析故障范围和故障原因</td></tr>
</table>

（续）

诊断方法	图示	说明
利用车载自诊断系统或专用仪器检测法	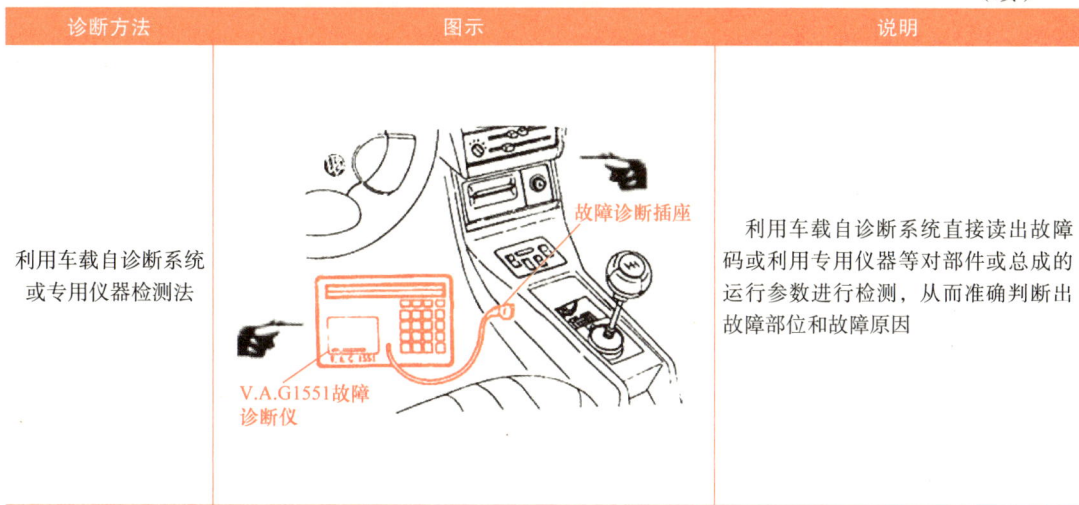	利用车载自诊断系统直接读出故障码或利用专用仪器等对部件或总成的运行参数进行检测，从而准确判断出故障部位和故障原因

2. 充电系统常见故障部位

图 3-1 所示为充电系统常见故障部位。

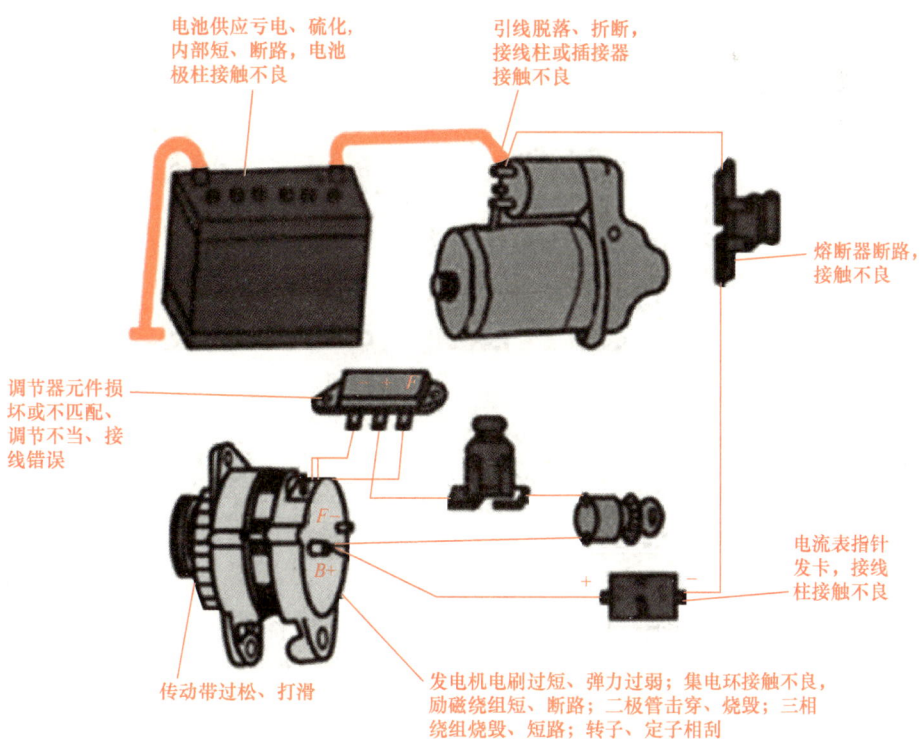

图 3-1 充电系统常见故障部位

3. 充电指示灯电路故障检测流程（图 3-2）

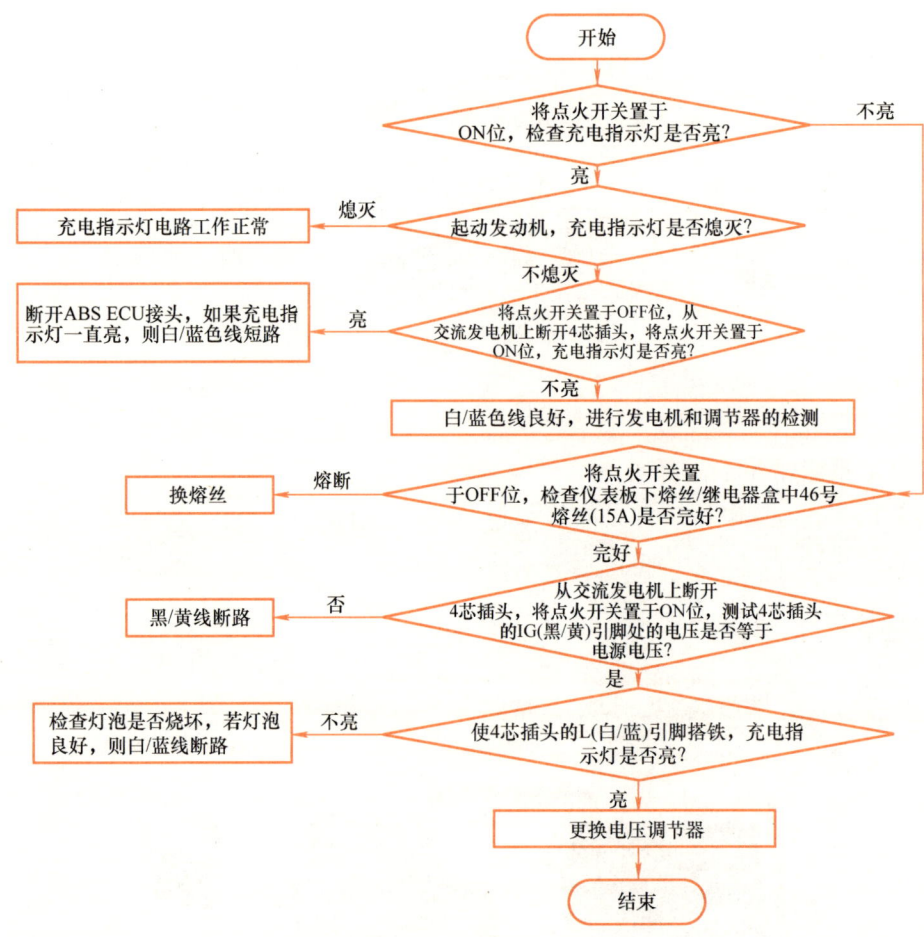

图 3-2　充电指示灯电路故障检测流程图

3.1.2　起动系统故障诊断方法

1. 起动系统常见故障及诊断方法

引起起动系统故障的原因分为外部原因（蓄电池、点火开关以及线束连接线等）和起动机本身的原因。其中比较典型的原因如下：

1）蓄电池存电不足，有亏电现象。
2）线束或插头接触不良产生过大的电阻，致使起动电流减小。
3）点火开关不良或者起动继电器不良，导致起动机长转等。

4）起动机故障，如机壳磁场绕组或电枢绕组局部短路使起动机输出功率降低等。

表 3-2 所列为起动系统常见故障原因及排除方法。

表 3-2　起动系统常见故障原因及排除方法

故障现象	故障原因	故障排除
起动机不转动	点火开关损坏	更换点火开关
	插接器脱落	重新插紧插接器
	电磁开关故障	检修电磁开关
	蓄电池严重亏电或损坏	充电或更换蓄电池
	起动机内部故障	检修起动机
起动机运转无力	蓄电池亏电	充电
	蓄电池极柱或起动机接线柱接触不良	清除氧化物并紧固
	电磁开关内触点、接线盘烧蚀	修复或更换电磁开关
	电动机故障	检修电动机
起动机空转	单向离合器打滑或驱动齿轮磨损过度	更换单向离合器
	拨叉或弹簧损坏	更换拨叉或弹簧
	电磁开关拉钩与拨叉未钩住或损坏	重新安装或更换
	起动机的齿圈轮齿损坏	更换齿圈
	驱动齿轮端面与挡套间隙过大	调整间隙
起动机不停	拨叉复位弹簧折断	更换拨叉复位弹簧
	电磁开关触点烧蚀粘住	修复或更换电磁开关
	单向离合器运动发卡	检修并润滑单向离合器
起动机异响	轴承松旷	更换轴承
	电磁开关线路断路	检修或更换电磁开关
	驱动齿轮轮齿损坏	更换驱动齿轮

2. 起动机常见故障部位（图 3-3）

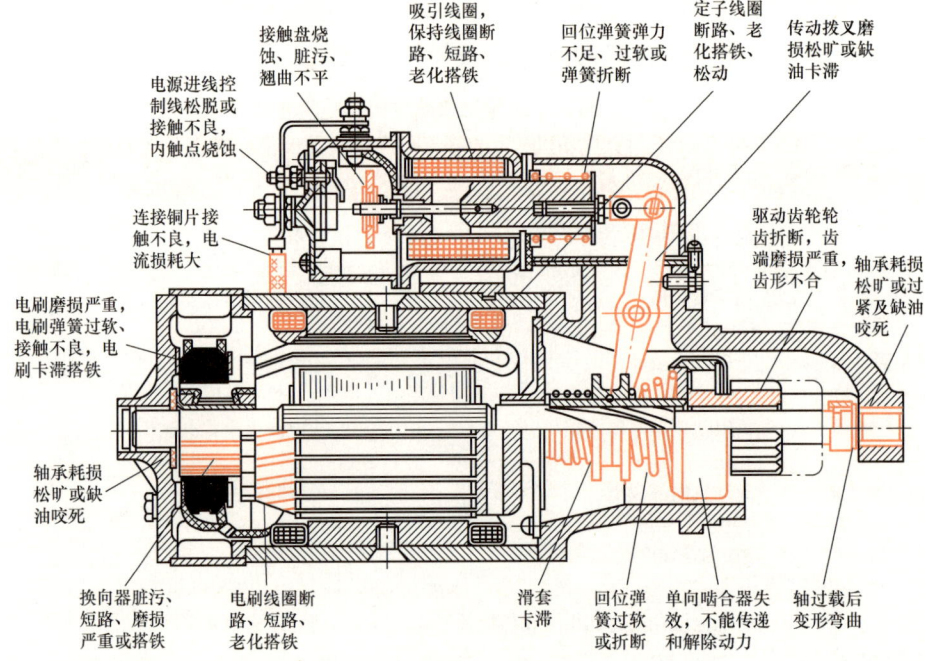

图 3-3　起动机常见故障部位

3. 起动机不转动的检测工艺流程（图 3-4）

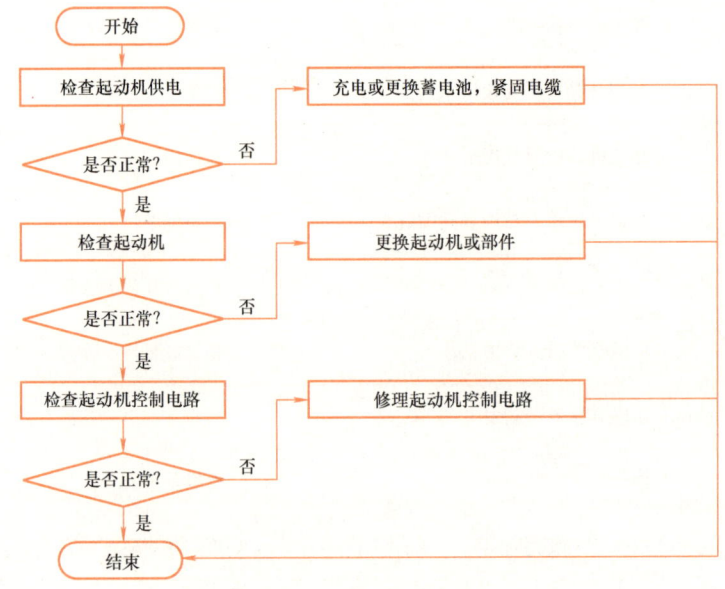

图 3-4　起动机不转动的检测工艺流程

3.2 照明、信号及仪表单个故障诊断排除

3.2.1 照明系统故障诊断方法

1. 断路故障检查

（1）用试灯检查　将试灯的一端夹在发动机或车架上，接通开关，将试灯的另一端依次与蓄电池到该灯之间连接电路上的各测试点相连，如果灯亮，再与下一个测试点接触，直至试灯不亮为止，则表明在试灯亮与不亮的两个测试点之间有断路故障。

（2）用万用表直流电压档检测　用万用表直流电压档检测的方法与用试灯检查基本相同。将万用表黑表笔搭铁，红表笔分别与各测试点相接触，检测其电源电压是否正常。

2. 短路故障检查

当接通照明开关时，熔丝立即熔断，则说明照明开关接通的照明线路有短路故障，其短路部位通常在开关与灯之间。

3. 汽车照明系统常见故障分析（表3-3）

表3-3　汽车照明系统常见故障分析

故障现象	故障原因
所有灯全不亮	电池至总开关间电源线断路，灯总开关损坏，电源总熔丝烧断
远光灯或近光灯不亮	导线断路或插头接触不良或灯泡损坏，远光灯或近光灯熔丝烧断，灯光继电器损坏，导线接地，灯总开关损坏
前照灯灯光暗淡	熔丝松动；导线插头松动；前照灯开关或继电器接触不良；发电机输出电压低；用电设备漏电，负荷加大；接地不良
一侧前照灯亮度正常，另一侧暗淡	前照灯暗淡的一侧接地不良，导线插头接触不良
前照灯、尾灯正常，示宽灯不亮	灯总开关损坏，熔丝烧断，示宽灯灯泡损坏，示宽灯电路断路，继电器损坏

3.2.2 信号系统故障诊断方法

1. 转向信号灯常见故障

转向信号灯常见故障有灯不亮、灯常亮不闪、灯闪光频率变化等。其中，灯不亮包括所有转向信号灯不亮、一侧（左侧或右侧）转向信号灯不亮、个别转向信号灯不亮等。表3-4所列为转向信号灯常见故障。

表 3-4　转向信号灯常见故障

故障现象	故障原因	故障处理方法
灯不亮	1）熔丝断开 2）闪光器损坏 3）开关损坏 4）线路断开 5）灯泡损坏	1）更换熔丝 2）更换闪光器 3）检查开关 4）检查线路 5）更换灯泡
灯常亮不闪	1）闪光器损坏 2）线路连接错误	1）更换闪光器 2）检查线路连接
灯闪烁频率变化	1）灯泡功率不当 2）闪光器工作不亮 3）电源电压过高或过低	1）检查灯泡类型 2）更换闪光器 3）检查电源

2. 转向信号灯故障诊断流程（图 3-5）

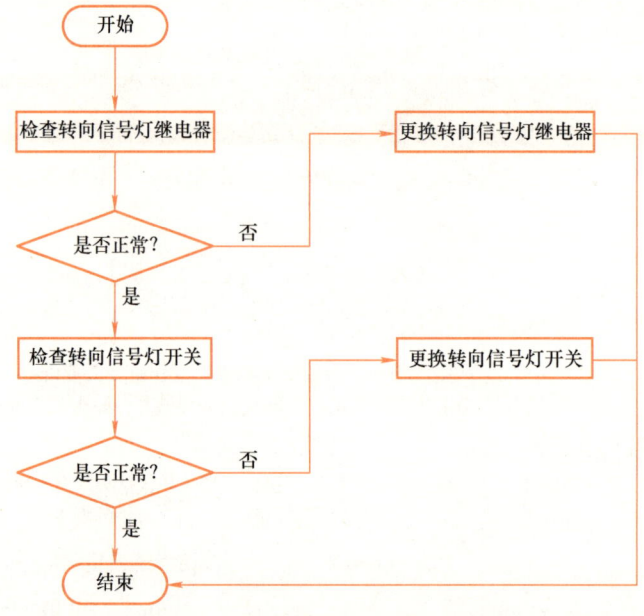

图 3-5　转向信号灯故障诊断流程图

3.2.3　仪表系统故障诊断方法

1. 普通仪表的常见故障

涉及燃油表、冷却液温度表和机油压力表的常见故障有单个仪表不工作或仪表显示不准、多个仪表不工作。

（1）单个仪表不工作或仪表显示不准

1）检查传感器导线连接是否松脱。如果正常，则检查仪表线路。

2）在仪表线路正常情况下，用 10Ω 的电阻代替传感器，一端接传感器导线，另一端直接搭铁，接通点火开关（ON），观察仪表（图 3-6）。如果仪表指针摆动，则说明传感器有故障，应更换传感器。如果仪表指针不动，则说明仪表有故障，应更换仪表。

3）检查仪表显示是否准确时，应参照相关车型维修手册。如果检查结果不符合要求，则更换传感器或仪表。

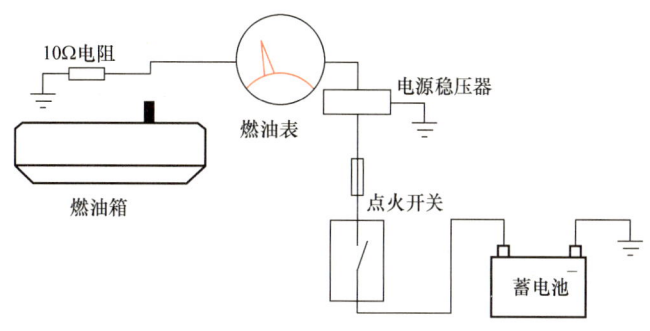

图 3-6　仪表检查示意图

（2）多个仪表不工作　在电磁式和电热式仪表电路中，一般设有熔丝，并配有电源稳压器。若多个仪表同时不工作，则应检查仪表熔丝和电源稳压器是否有故障，如图 3-7 所示。

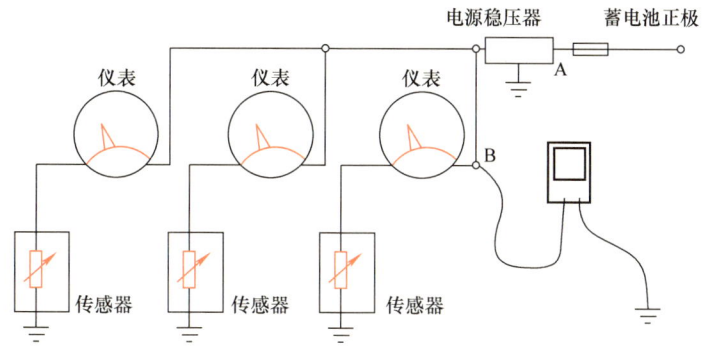

图 3-7　电源稳压器电路的检查

2. 汽车仪表系统综合故障诊断与排除

汽车电子仪表显示系统的故障一般都出在传感器、插接器、导线、个别仪表及显示器上。故障诊断排除时应先将传感器电路断开或拆下，用检测设备对它们进行逐个检查。

（1）传感器的检测　对各种电阻式传感器，通常采用测量电阻的方法来确定其好坏，即把所测得的电阻值与其规定的标准电阻值相比较。若测得的电阻值小于规定值，则说明传感器内部短路；若测得的电阻值过大或无穷大，则说明传感器内部接触不良或断路，应更换传感器。

（2）插接器的检查　采用电子仪表的汽车，往往需要很多插接器把电线束连接到仪表板上。这些插接器一般都采用不同的颜色，以便辨认它属于哪一部分的连接。为保证其连接可靠、牢固，插接器上都设有闭锁装置。检查时可用眼看或手摸的方法进行，插接器装置要齐全、完好，插头、插座应接触可靠、无锈蚀。仪表电路工作时用手触摸插接器，应没有明显的温度感觉，若温度过高，则说明该插接器接触不良，应查明原因并排除故障。

（3）个别仪表故障排除　若发现电子仪表板上有个别仪表发生故障，则应检查与该仪表有关的各个部分。首先应检查各导线的连接情况，包括各插接器的接触情况，线束是否破损、搭铁、短路和断路等。若有检测设备，可用检测设备分别对该仪表及其传感器进行检测，查明故障原因，能修则修，不能修则更换新件。

（4）显示器故障检修　一旦电子仪表板上的显示屏部分笔画、线段出现故障，应将仪表板上的显示器调整到静态显示状态，仔细观察是否还有别的故障，就此时出现的故障可使用检测设备对与此有关的电路或装置进行认真检查。如果仅有一两个笔画或线段不亮或不显示，则说明逻辑电路板通过多路传输的脉冲信号正确，但可能是显示装置的部分线段工作不正常。遇此情况应进一步检查，属于接触不良的应加以紧固，确保其电路畅通；若是电子器件本身问题，通常应更换显示器件或显示电路板。

3.3　辅助电器系统单个故障诊断排除

3.3.1　音响娱乐系统故障诊断方法

音响娱乐系统的主要故障有：
1）左右声道音量不一致。
2）某一声道高音无声。
3）音量时大时小。
4）收音无声，放音正常。
5）收、放音均完全无声。
6）无论收音还是放音，扬声器只有"沙沙"声。
7）调幅 AM 收音无声。
8）调频 FM 收音无台。

9）显示屏不显示。

10）CD读目录慢，读出目录放音时常出现停顿和跳音现象。

11）放入CD后按键机芯无反应，不能将唱片送出。

具体的检修方法，请扫描链接19的二维码，按提示进行观看。

链接19
音响娱乐系统故障检修方法

3.3.2 电动座椅系统故障诊断方法

根据电动座椅系统的故障诊断结果，采取相应的措施排除故障。

1）所有电动座椅都不能动，可能的原因是电动座椅电路断路器损坏、熔断器熔断、线路搭铁不良。

2）一个电动座椅不能动，可能的原因是该电动座椅的输入电源电路断路或接触不良、搭铁线路断路、开关失效。

3）电动座椅前后端不能垂直升降或整个座椅不能垂直升降，可能的原因是前或后垂直调节电动机故障或线路故障、控制开关失效、传动装置失效或调整不当。

4）电动座椅不能前后移动，可能的原因是水平电动机故障或连线故障、开关故障、传动装置失效。

3.3.3 电动后视镜系统故障诊断方法

1. 电动后视镜常见故障及原因

（1）电动后视镜常见故障 电动后视镜都不能调节、个别电动后视镜不能调节。

（2）故障原因 电动后视镜都不能调节，可能的原因有熔丝断开、插接器松脱或线路断路、开关有故障。检查熔丝是否断开、插接器是否松脱、开关及线路是否正常。

个别电动后视镜不能调节，可能的原因有插接器松脱或线路断路、电动机或开关有故障。检查电动机是否正常、开关及线路是否正常。

2. 电动后视镜调节异常的诊断步骤（图3-8）

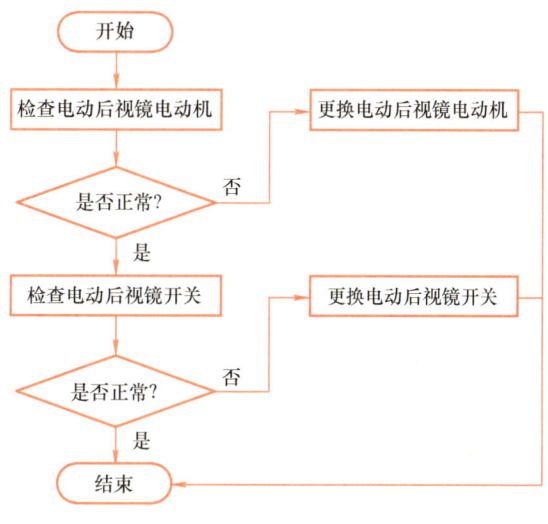

图3-8 电动后视镜调节异常的诊断步骤

3.3.4 中控门锁系统故障诊断方法

1. 中控门锁系统常见故障及原因

（1）中控门锁系统常见故障　所有门锁均不能锁止和开锁、单个门锁不能锁止和开锁。

（2）故障原因

1）所有门锁均不能锁止和开锁，可能的原因有熔断器断开，电源线断路或插接器松脱，中控开关搭铁锈蚀或松脱，门锁控制器有故障等。检查熔断器是否断开，如果断开，则更换熔体；如果熔断器正常，则检查中控开关电源电路插接器连接是正常；如果电源电路正常，则检查中控开关搭铁是否良好，检查中控开关是否损坏。

2）单个门锁不能锁止和开锁，可能的原因有门锁开关有故障，门锁电动机（或电磁铁）有故障，线路断路或插接器松脱等。检查门锁电动机（或电磁铁）是否正常，检查门锁开关是否正常，检查门锁电动机（或电磁铁）至门锁开关之间电路或插接器连接是否正常。

2. 中控门锁不能上锁的诊断步骤（图 3-9）

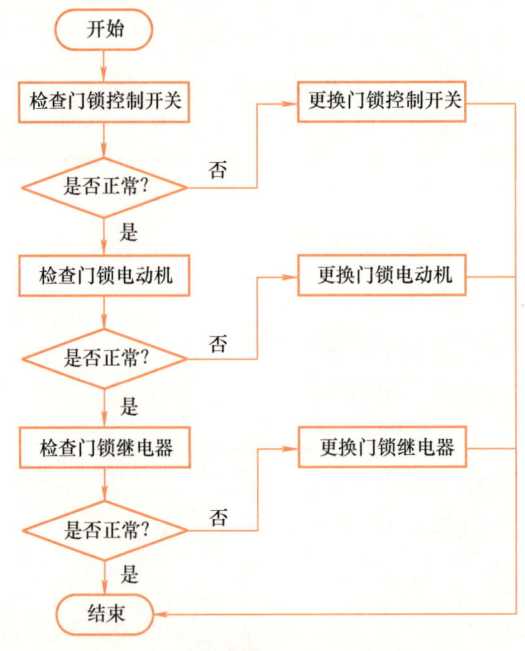

图 3-9　中控门锁不能上锁的诊断步骤

3.3.5 刮水器系统故障诊断方法

1. 刮水器系统的常见故障

刮水器各档都不工作、刮水器个别档位不工作、刮水器不能停在正确位置、刮水器速度慢、间歇刮水不正常、刮水器喷嘴工作不正常等。

2. 刮水器系统故障诊断与排除方法

检修电动刮水器时，先确定是电气故障还是机械故障，其方法是拆开刮水电动机与传动机构的连接，接通刮水器开关，如果刮水电动机工作正常，则说明故障在机械部分。

机械故障的主要原因有杆件连接松脱、杆件变形、刮水片损坏，应进行检修或更换机件。

电气故障的主要原因有熔丝断开、接线松脱、刮水电动机损坏、刮水器开关损坏、间歇继电器损坏、线路断路等，应进行检修或更换部件。

3.3.6 电动车窗系统故障诊断方法

1. 电动车窗的常见故障

所有车窗均不能升降，部分车窗不能升降或只能向一个方向运动，某个车窗两个方向都不能运动，电动车窗有异响等。

2. 电动车窗常见故障诊断思路

电动车窗检修主要包括对主开关的检修、分开关的检修和车窗电动机的检测三个方面。检查主开关、分开关各端子之间导通状况是否和车辆维修手册规定一致。拆下车窗电动机，将蓄电池正负极分别接到车窗电动机两端子，电动机应能正常转动，反向接入时，电动机应能反转，否则说明电动机故障。对采用多路传输通信控制方式的电动车窗系统的检修，需要借助专用检测仪、示波器等设备进行波形等数据分析，以便排除故障。

3. 电动车窗不能升降的诊断步骤（图 3-10）

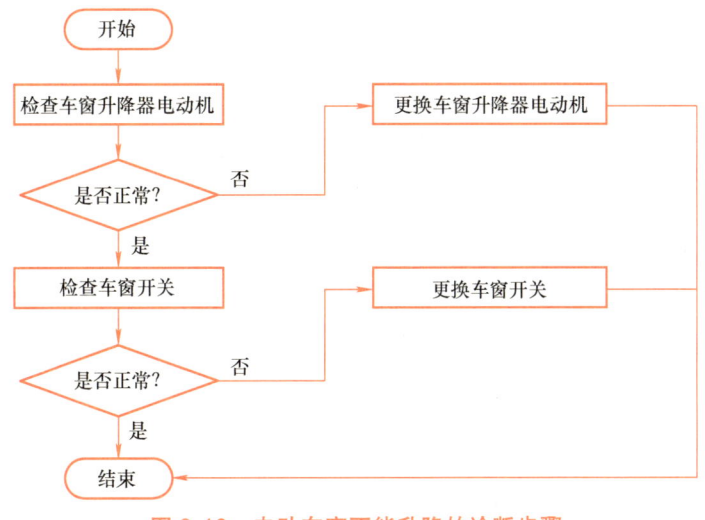

图 3-10 电动车窗不能升降的诊断步骤

3.3.7 安全气囊系统故障诊断方法

1. 安全气囊系统检修时的注意事项

1)由于安全气囊故障很难确认,存储在安全气囊 ECU 的故障信息对故障诊断十分重要,在拆下蓄电池负极电缆前务必读取故障码,否则,故障码将被清除,从而影响安全气囊的检修。

2)在检修安全气囊之前,应拔出点火钥匙,并拆下蓄电池负极电缆 20s 或更长时间,使备用电源完全放电,以免检修中因备用电源供电使气囊误展开。

3)绝对不能检测气囊组件(测量点火器的电阻),否则,气囊可能会展开。检测其他部件及线路时,应断开气囊组件插接器,使用高阻抗(10kΩ 以上)的万用表,最好使用数字式万用表。

4)拆装、搬移或安放气囊组件(未展开)时,应将气囊组件的盖板一面朝上,不得将气囊组件重叠堆放,也不得将任何物品放在气囊组件上。

5)禁止对气囊组件、碰撞传感器进行修理,如果损坏或失效,则必须更换新件。

6)安装转向盘时,位置必须正确,并使螺旋电缆插接器位于中间位,否则,将影响转向盘的转动,或损坏螺旋电缆插接器。

7)在引爆报废的气囊组件时,应使用专用工具,并按规范进行安全引爆。

8)安全气囊检修后,应检查安全气囊警告灯的工作状态是否正常。

2. 安全气囊系统检修方法

(1)安全气囊警告灯法(保养提示灯法)

1)故障显示。当接通点火开关或起动发动机后,仪表板上的安全气囊警告灯常亮不熄时,表明系统已检测到故障,应对安全气囊系统进行故障码检查。

2)用户故障分析。向用户进行尽可能详细的故障查询。

3)警告灯的检查。检查安全气囊警告灯的运作,如果警告灯常亮,则表明在安全气囊控制装置中,存有一个或多个故障码;如果安全气囊警告灯不亮,则表明警告灯电路有故障。当该警告灯有故障时,系统会显示故障码,则需进行相应故障码的检查。如果安全气囊警告灯电路出现断路,安全气囊警告灯就不会亮,也不会有故障码。因此,在进行下一步检查之前,首先要排除警告灯电路故障。

4)故障码的检查及记录。检查故障码,记录输出的任何故障码,如果输出正常故障码,则电源电路曾经有不正常现象或电源电压过低,因此要进行电源电压检查。

5)在上一步检查中输出故障码只能说明与该故障码有关的电路曾经发生过故障,但不表明现在故障是否仍然存在或已消失。据此,有必要清除故障码后,再重新进行故障码检查以确定现在的情况。

6)再一次检查及记录故障码。如果输出正常故障码,则表明系统曾发生过故障但现已排除；如果输出故障码，则进行相应的电路检测。

7）故障排除。将点火开关开、关（开等待20s，关等待20s）5次后，检查故障码。如果有故障码输出，则故障仍然存在，应对故障码表进行检查，对出现故障码的有关电路进行故障排除分析。在检修工作结束后，应用模拟法进行证实试验。

8）根据诊断系统输出的故障码按连接顺序进行电路检查。

（2）扫描仪法　接通点火开关时，故障警告灯如果亮约6s后不熄灭，则说明系统有故障存在；如果警告灯不亮，则说明故障警告灯线路中有故障。

扫描仪检查程序如下：

1）将点火开关置于OFF（断开）档。

2）将扫描仪电源线插到点烟器座上。

3）将扫描仪接到诊断通信链路或检查插接器诊断插口上。

4）接通点火开关，起动扫描仪，检查故障码。

5）断开点火开关进行故障排除分析，之后再接通点火开关，用扫描仪消去所存的故障码。

6）摘下扫描仪。

3. 安全气囊警告灯常亮的诊断步骤

安全气囊警告灯常亮，说明安全气囊有故障，应按规定的诊断步骤进行故障分析，如图3-11所示。

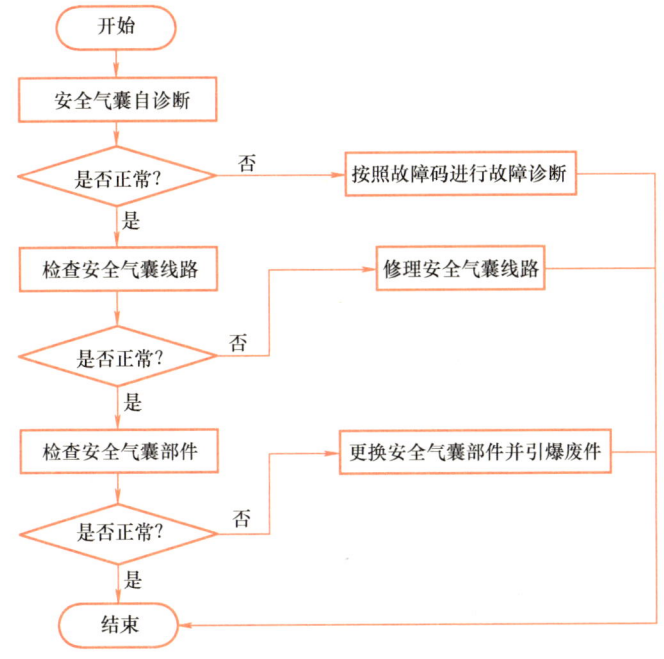

图3-11　安全气囊警告灯常亮的诊断步骤

3.4 空调系统单个故障诊断排除

3.4.1 汽车空调制冷循环系统故障诊断方法

1. 看

1）看玻璃观察窗内制冷剂流动情况，均匀透明的液体为正常。
2）看低压回路的结霜情况，表面结霜为正常。
3）看制冷系统各个接头处的渗油情况，干燥无油渍为正常。
4）看压缩机磁力线圈工作情况，能将压缩机吸合后转动且无异常响声为正常。
5）看蒸发器淌水情况，一般空调运行 8min 左右，水从蒸发器接水盘淌出为正常。
6）看冷凝器电风扇运行是否正常。

2. 听

1）听压缩机运转时有无杂音、撞击声，有则为不正常。
2）听蒸发器鼓风机、冷凝器电子风扇、电动机等运转是否有杂音，有则为不正常。

3. 摸

1）摸制冷系统的高低压管，高压管烫手、低压管凉或冰凉为正常。
2）冷凝器热为正常，且冷凝器从下至上有温差为正常。
3）干燥过滤器温热，且入口与出口无明显温差为正常。
4）膨胀阀前后应该有明显温差为正常。
5）车内送风口吹出的风应有冰凉的感觉为正常。

4. 测

通过看、听、摸，只能发现不正常的现象，但具体故障部位及原因，还要借助仪器、仪表来进行测试。

（1）检漏仪检漏　用检漏仪检查整个系统各接头处是否泄漏。
（2）万用表检查　用万用表检查出空调电路故障，判断电路是断路还是短路。
（3）温度计检查　用温度计可以判断出冷凝器、蒸发器、储液器故障。
（4）压力表检查　将歧管压力计的高、低压表分别接在压缩机的排气、吸气口，测量高压端和低压端的压力，应在规定的范围内。

3.4.2 自动空调系统电路故障诊断方法

1. 使用故障诊断仪

现代轿车都应用了许多计算机模块，它们通过一个多路系统CCD与ECU共享信息，使用故障诊断仪，将其连接到诊断口，就可以读出大部分故障码，按照检修程序手册,便能迅速地找到故障点。例如通用的 OBD Ⅱ 诊断系统,它们都配备了较丰富的车型适配器与程序存储卡。以 OBD Ⅱ 为例,进入 ECU 诊断程序的步骤如下:

1) 利用部件结构图找出诊断插接器。

2) 将正确的程序存储卡插入 OBD Ⅱ 诊断仪。

3) 将点火开关转到 NO 档,完成发动程序后,显示屏将出现一个多层选择菜单。

4) 下拉菜单进入 ECU 诊断程序,读出故障码。

5) 按照检修程序手册,查找故障部位并排除。

2. 元器件检查

(1) 温度传感器　空调上使用多个温度传感器,如环境温度传感器、车内温度传感器等,这些元件均由热敏电阻构成。检查时测量该传感器电阻值,通过对照表判断传感器的状况。

(2) 压力传感器　压力传感器安装在高压侧管上,用于检测制冷剂压力,并将制冷剂压力信号输出至空调放大器。空调放大器根据传感器特性将该信号转换为压力,以控制压缩机。在检查时可以在正常供电的情况下测量输出电压,通过对照相应的表格判断元器件的状况。

(3) 电动机　空调系统有多个电动机相互协作共同工作。电动机是否正常可用诊断仪的元件驱动功能来初步判断,再通过线路检查从而最终判定电动机的状况。

3. 自动空调系统检修注意事项

自动空调系统实际上是一个计算机控制的电子电路,因此不能按照传统方法检修,以免造成人为故障或器件损坏,应遵循下列注意事项:

1) 禁止采用"试火"的方法让任何被控制电路搭铁或对其施加电压,切勿使用试灯。

2) 只能用高阻抗的万用表(如数字式万用表)检测电路,特别是对各种传感器的检测更应小心。

3) 更改接线,断开任何到传感器或执行器的电气连接之前,应首先关掉点火开关。

4) 接触 ECU 芯片时,应将手指摸在良好的搭铁处。更换元件时,应戴好防静电金属护腕,以防止静电损坏电路元件。

5) 拆下蓄电池时,应该遵守维修手册的程序,防止掉电时间过长 ECU 内部数据丢失。

3.4.3　手动空调系统电路故障诊断方法

1. 手动空调控制电路及电控元器件故障原因

(1) 传感器故障　传感器损坏或安装错误,造成传感器输出信号异常,从而导致自动空调运转不正常。

（2）执行器故障　由于执行器损坏，造成自动空调电脑不能进行相关元器件的控制，从而导致空调运转不正常。

（3）导线故障　传感器和执行器通过导线和自动空调 ECU 进行通信，导线故障将导致通信不畅，从而影响自动空调的正常工作。

2. 手动空调控制电路及电控元器件故障诊断方法

手动空调的故障诊断相对于自动空调较为简单。但因其可以产生的故障码较少，所以排除故障时对于故障现象的确定和电路图的分析尤为重要。

手动空调的故障诊断主要通过万用表对元器件和线路进行测量。

3.4.4　空调取暖和通风系统故障诊断方法

汽车空调暖风系统可能出现的故障是不送暖风、暖风量过小或送风温度低等。鼓风机同时用于制冷系统和暖风系统，因此鼓风机不工作或运转不良也会造成空调制冷系统不送凉风。

汽车空调暖风系统本身的故障部位有暖风换热器、暖风系统壳体总成、通风管道及冷却液管路等。

1. 暖风系统壳体总成

暖风系统壳体内安装有暖风换热器，可能出现的故障是由壳体破裂、紧固件松动等导致的漏气。当出现暖风量过小等故障时，需检查暖风系统壳体总成。

2. 通风管道

通风管道可能出现的故障是由管道破裂、紧固件松动等导致的漏气。当出现暖风量过小等故障时，需检查通风管道。

3. 暖风换热器与冷却液管路

暖风换热器可能出现的故障是堵塞和表面脏污，冷却液管路可能出现的故障有管子破裂和堵塞等。当出现暖风温度过低时，需检查暖风换热器和冷却液管路。

4. 暖风及通风控制开关总成

暖风及通风控制开关总成可能出现的故障是拉线断脱、开关损坏等。

3.5　电力驱动和电池系统维护

3.5.1　动力蓄电池

汽车用动力蓄电池主要有以下几种：

1）铅酸蓄电池。

2）镍镉（Ni-Cd）蓄电池。

3）镍氢（Ni-MH）蓄电池。

4）锂离子电池。

链接 20

动力蓄电池的结构

3.5.2 动力蓄电池使用注意事项

1）动力蓄电池的工作温度为 −20~45℃。

2）车辆需要保持干燥，避免长时间在潮湿环境下停放。

3）尽量采用车载充电器对车辆进行充电，应避免蓄电池包频繁使用快充。

4）每个月至少使用车辆一次，并对车辆进行均衡充电，慢充 8h，以保证动力蓄电池寿命。

5）动力蓄电池在底盘位置，容易刮擦、碰撞，因此车辆在非正常路面行驶后，均需及时检查动力蓄电池是否变形、外壳是否有裂纹等。

6）车辆在使用过程中出现意外碰撞、刮擦和托底等情况时，均需及时检查动力蓄电池是否变形、外壳是否有裂纹等。

7）车辆出现严重事故后，车内人员应尽快离开车辆，并马上联系当地授权售后服务中心处置。

8）如果由于事故车身受损，需要修复或喷漆时，为避免动力蓄电池人为损坏或起火，必须在卸除动力蓄电池之后进行相关作业。

注意： 非授权维修人员严禁拆装动力蓄电池及相关部件。

3.6 技能训练

技能训练一 诊断排除充电系统不充电故障

1. 实训要求

1）掌握充电系统不充电故障的现象及原因。

2）能够排除充电系统不充电故障。

2. 主要实训器材

1）实训汽车。

2）常用修理工具。

3）数字式万用表。

4）蓄电池高率放电计。

5）试灯。

3. 故障现象

发动机中速以上运转，电流表指示放电或充电指示灯不熄灭。

4. 故障原因

1）交流发电机传动带断裂或打滑严重。

2）交流发电机励磁线圈或充电线路断路。

3）交流发电机故障。

① 电刷与集电环接触不良。

② 二极管击穿、断路。

③ 转子绕组短路、断路、搭铁。

④ 定子绕组短路、断路、搭铁。

4）电压调节器故障。

① 晶体管电压调节器的稳压管及小功率晶体管短路或大功率晶体管断路。

② 电压调节器的搭铁方式与交流发电机不匹配。

5. 故障诊断与排除

1）检查发电机传动带是否过松或存在严重打滑现象。若过松应按规定重新调整；如果沾有油污造成打滑，应清洗带轮并更换传动带

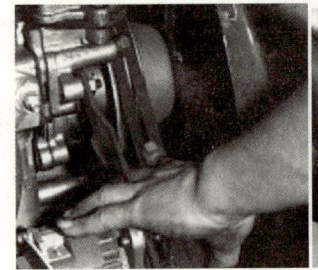
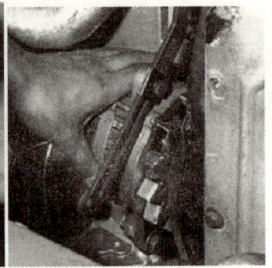

2）检查各连接线连接是否正确、牢固，有无断路现象，以及有无异常颜色、气味、烟雾、温升等，不符合要求时应重新连接好

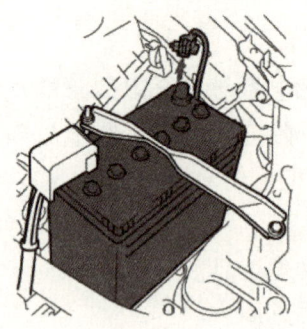

（续）

3）对于普通外接式调节器，起动发动机，直接短接调节器两端，观察电流表指示有无变化，若有电流，则说明发电机良好，调节器或相关导线已断路；若仍无指示，则说明发电机已损坏。上述检查均符合要求时，表明故障在发电机内部，应检查电刷是否在电刷架内卡滞或与集电环接触不良

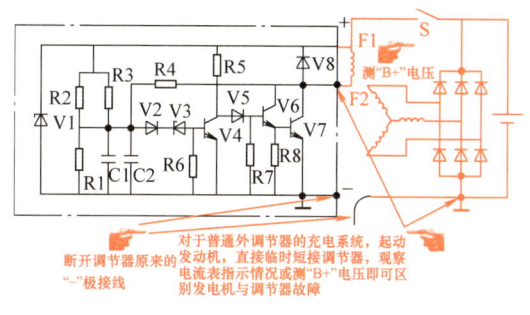

对于普通外调节器的充电系统，起动发动机，直接临时短接调节器，观察电流表指示情况或测"B+"电压即可区别发电机与调节器故障

断开调节器原来的"-"极接线

4）对于内装集成电路调节器的整体式交流发电机，应拆下调节器测量发电机及调节器各接线柱间的电阻值，检查发电机定子及转子绕组、整流元件等是否断路、短路或搭铁等，并视情况予以修复

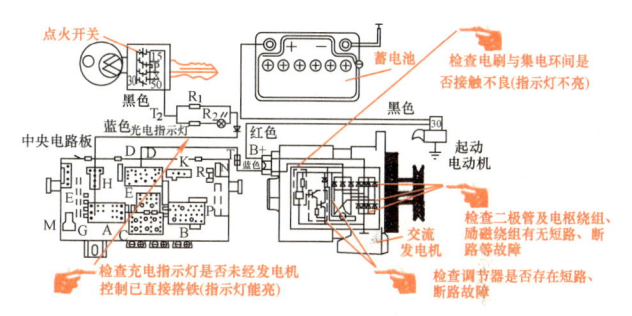

检查充电指示灯是否未经发电机控制已直接搭铁(指示灯能亮)

检查电刷与集电环间是否接触不良(指示灯不亮)

检查二极管及电枢绕组、励磁绕组有无短路、断路等故障

检查调节器是否存在短路、断路故障

5）检查充电指示灯电路，是否未经发电机和调节器而自行搭铁

链接 21

充电系统故障诊断

技能训练二　诊断排除起动机不转动故障

1. 实训要求

1）掌握起动机不转动故障的现象及原因。

2）能够排除起动机不转动故障。

2. 主要实训器材

1）实训汽车。

2）常用修理工具。

3）数字式万用表。

4）蓄电池高率放电计。

5）试灯。

3. 故障现象

接通起动开关后，起动机不转动。

4. 故障原因

1）蓄电池严重亏电；导线、开关有严重接触不良甚至断路现象。

2）起动机电磁开关有短路、断路、搭铁、卡滞等故障。

3）电动机励磁、电枢绕组有故障，电刷与换向器有故障等。

4）装有自动变速器的车辆，其自动变速器不在N位或P位，或多功能开关有故障，或控制单元有故障。

5. 故障诊断与排除

1）检查自动变速器是否处于N位或P位，检查蓄电池是否有电，检查各处接线是正确且良好	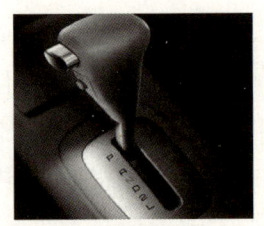
2）检查直流电动机。用螺钉旋具短接起动机两主接线柱，若电动机不转动，说明其内部有问题，需拆检；若电动机能正常转动，说明电动机正常，故障在外部，需继续检查	
3）检查电磁开关。短接起动机电源接线柱与电磁开关相线接线柱，若电磁开关有接通动作且电动机正常旋转，说明电磁开关正常，故障在外部；若电磁开关无动作，或者虽有动作但电动机不转动，均说明电磁开关有故障，需拆检或直接更换	

（续）

4）检查起动继电器。在继电器相线均有电的前提下，短接触点观察起动机是否能通电转动，若能转动说明触点已损坏造成断路；将线圈输出端直接搭铁听（或摸）继电器触点能否闭合，若不能闭合说明线圈已损坏，若能闭合应对搭铁线或自动变速器空档开关或其控制单元进行检查

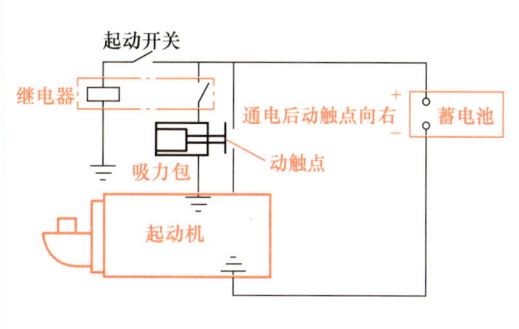

5）检查自动变速器空档开关和控制单元。用专用设备（如 V.A.G 1551 或 V.A.G 1552）进行检测，并进行相应处理

链接 22

起动系统故障诊断

技能训练三　诊断排除前照灯不亮故障

1. 实训要求
1）掌握前照灯不亮故障的现象及原因。
2）能够排除前照灯不亮故障。

2. 主要实训器材
1）实训汽车。
2）常用修理工具。
3）数字式万用表。

3. 故障现象
1）所有前照灯都不亮。
2）其中某个灯不亮。

4. 故障原因
1）前照灯熔丝烧断。
2）前照灯变光开关有故障。
3）电源线松动或脱落断路。

4）前照灯配线或搭铁有故障。

5. 故障诊断与排除

1）检查熔丝。若熔丝烧毁，则更换	
2）若熔丝完好，则检查前照灯灯座接触是否不良，灯丝是否烧毁，并视情况加以修理或更换	
3）检修前照灯变光开关。用万用表欧姆档测量变光开关的导通性，若变光开关置于近光或远光位置，其电阻均为无穷大，则表明变光开关损坏，应更换	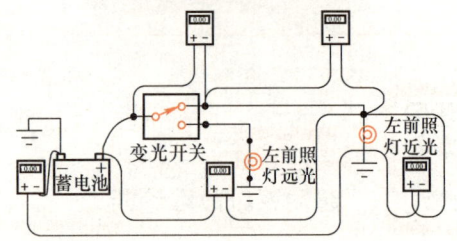
4）逐段检修电路，排除开路	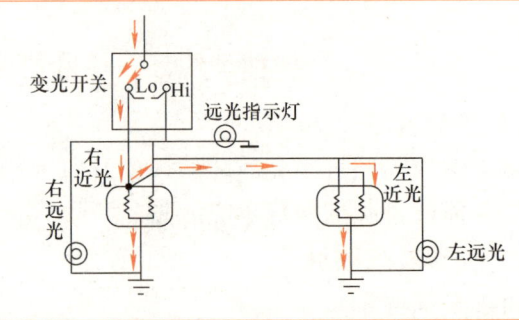

链接 23
照明系统故障诊断

技能训练四　诊断排除转向信号灯不工作故障

1. 实训要求

1）掌握转向信号灯不工作故障的现象及原因。

2）能够排除转向信号灯不工作故障。

2. 主要实训器材

1）实训汽车。

2）常用修理工具。

3）数字式万用表。

3. 故障现象

接通转向灯开关时，汽车左右两侧转向灯不亮。

4. 故障原因

1）熔丝烧断。

2）转向信号灯泡损坏。

3）转向信号灯开关损坏。

4）转向闪光继电器损坏。

5）连接线路接触不良或断路。

5. 故障诊断与排除

1）检查熔丝是否烧断，灯泡是否损坏或灯座是否接触不良，若有则更换或修复	
2）在转向闪光继电器"电源"接线柱上用试灯测试。若试灯不亮，则为继电器线路断路，应加以修复或更换；若试灯亮，则表明电源良好	
3）短接转向闪光继电器"开关"与"电源"接线柱。若转向灯亮，则说明故障在转向闪光继电器。若转向灯仍不亮，再短接转向信号灯开关左、右两接线柱。若转向信号灯亮，则说明故障在转向信号灯开关，应加以修复	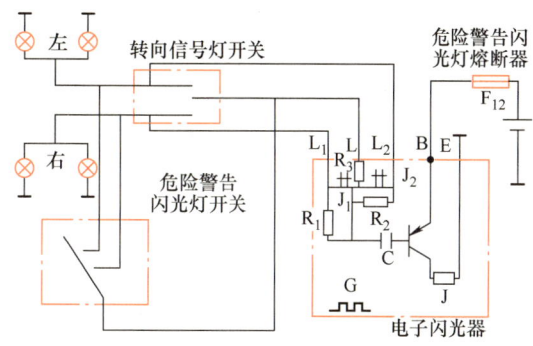

技能训练五　诊断排除喇叭不响故障

1. 实训要求
1）掌握喇叭不响故障的现象及原因。
2）能够排除喇叭不响故障。

2. 主要实训器材
1）实训汽车。
2）常用修理工具。
3）数字式万用表。

3. 故障现象
按下喇叭按钮，喇叭不响。

4. 故障原因
1）蓄电池亏电。
2）喇叭损坏。
3）喇叭熔丝烧断。
4）线路连接松脱、断路。
5）喇叭开关或喇叭继电器损坏。

5. 故障诊断与排除

1）检查蓄电池存电是否充足。若不充足给蓄电池充电或更换蓄电池	
2）检查熔丝是否烧断，线路连接是否松脱或断路。若有则给予修复或更换	
3）从蓄电池正极柱到喇叭端子跨接一根粗导线。如果喇叭不响，则表明喇叭损坏，应更换；如果喇叭响，则表明故障在控制电路	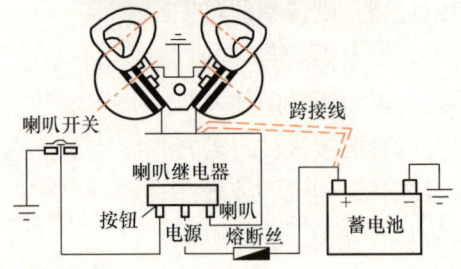

（续）

4）用导线将喇叭开关短接，以检查控制电路。若喇叭响，表明喇叭开关损坏，应更换；若喇叭仍不响，表明喇叭继电器损坏，应更换

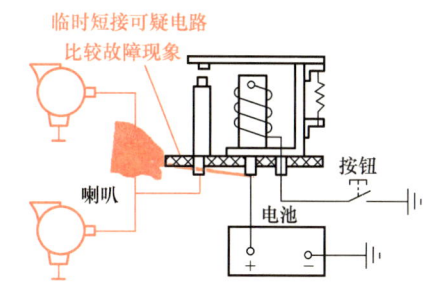

链接 24

信号系统故障诊断

技能训练六　诊断排除电流表指针不动、指示不准故障

1. 实训要求

1）掌握电流表指针不动、指示不准故障的现象及原因。

2）能够排除电流表指针不动、指示不准故障。

2. 主要实训器材

1）实训汽车。

2）常用修理工具。

3）数字式万用表。

3. 故障现象

接通点火开关，电流表指针不动或指示不准。

4. 故障原因

1）接线柱导线松动、脱落。

2）永久磁铁的磁场过弱或消磁。

3）转子轴或轴承磨损。

4）指针平衡块或配重不当。

5）指针歪斜或指针卡住。

5. 故障诊断与排除

1）拆下车上被检测的电流表

2）用对比法诊断：将被检电流表与标准电流表（-30~30A）及可变电阻（0~5Ω，电流为30A）串联在一起，接通12V蓄电池，并逐渐减小可变电阻值，若两电流表读数值误差在20%内，则说明被检电流表正常，应检查连接线路，察看线路是否断路或线路接头是否松动；反之，则为损坏，应更换

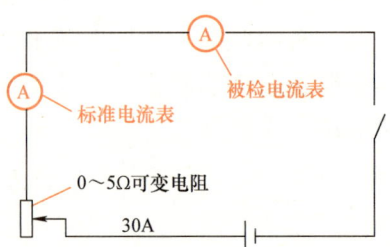

链接25
仪表系统故障诊断

技能训练七　诊断排除收放机不工作故障

1. 实训要求
1）掌握收放机不工作故障的现象及原因。
2）能够排除收放机不工作故障。

2. 主要实训器材
1）实训汽车。
2）常用修理工具。
3）数字式万用表。

3. 故障现象
打开收放机开关，发现收放机不工作。

4. 故障原因
扬声器故障、供电断路、搭铁不良、信号不良、收放机损坏等。

5. 故障诊断与排除（图 3-12）

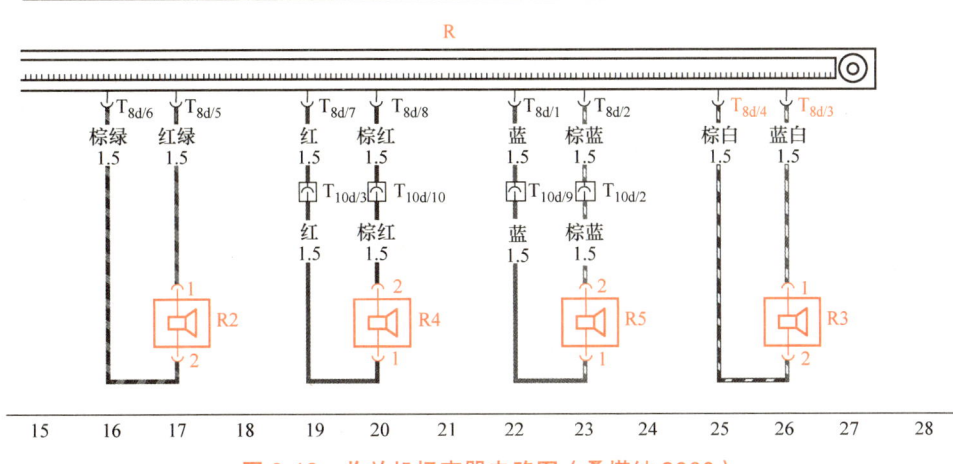

图 3-12　收放机扬声器电路图（桑塔纳 2000）

1）直接用跨接线、替代法检查扬声器（R）的状况。

2）若扬声器正常，则用万用表结合电路图检测信号输出端（$T_{8d/3}$）的电压值（电压 12V）和搭铁端（$T_{8d/4}$）的电阻值，看输出端和搭铁端是否正常。

3）若输出端和搭铁端均正常，则用万用表测量信号输出端（$T_{8d/3}$）和右前扬声器之间的导线是否导通。

4）若端子间导线是导通的，则用试灯先检查熔丝盒中的收放机熔丝，然后用万用表检测收放机熔丝的电阻，最后检测收放机的输入端子是否有电压。若以上都正常，则更换收放机。

技能训练八　诊断排除电动座椅不工作故障

1. 实训要求

1）掌握电动座椅不工作故障的现象及原因。

2）能够排除电动座椅不工作故障。

2. 主要实训器材

1）实训汽车（雅阁 2.3L 轿车）。

2）常用修理工具。

3）数字式万用表。

3. 故障现象

驾驶席电动座椅不能前后移动调整。

4. 故障原因

1）前后移动调节开关损坏。

2）前后移动调节电动机损坏。

3）线路断路。

5. 故障诊断与排除

（1）电动座椅前后移动调节开关的检查

1）拔出调节开关的按钮，拆下开关罩，拔下调节开关的两个插头，从开关罩上拆下调节开关，如图 3-13 所示。

2）用万用表电阻档检查调节开关（前后移动调节开关）的导通情况，见表 3-5，调节开关端子如图 3-14 所示。如果符合要求，则表明调节开关正常；如果不符合要求，则表明调节开关损坏，应更换调节开关。

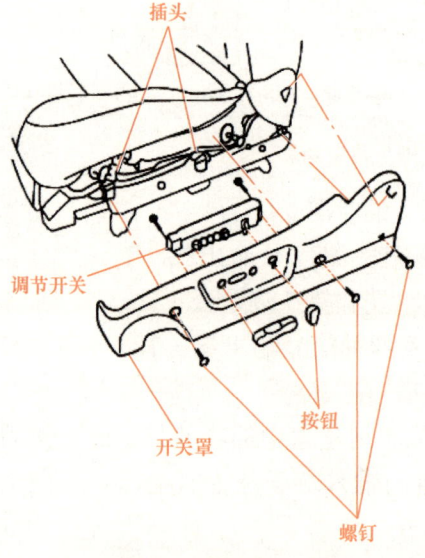

图 3-13 拆下调节开关

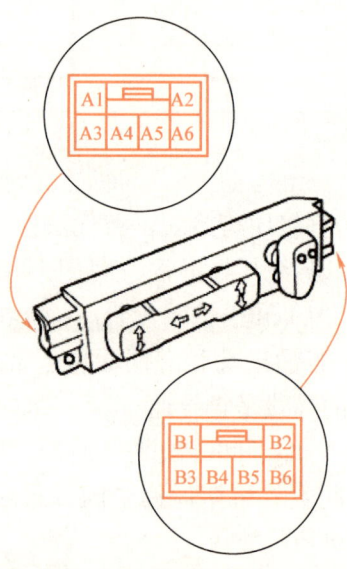

图 3-14 调节开关端子

表 3-5 调节开关导通情况

调节开关位置	调节开关对应端子	是否导通
接通向前移动调节	A1-B5、A5-B2	导通
接通向后移动调节	A1-B6、A5-B5	导通

3）插上电动座椅调节开关插头，检查电动座椅前后调整是否恢复正常。如果仍不能调整，则检查调节开关至前后移动调节电动机之间线路或前后移动调节电动机。

4）装上调节开关、开关罩和按钮。

（2）电动座椅前后移动调节电动机的检查

1）拆下调节开关罩，拔下调节开关的两个插头，如图3-15所示。

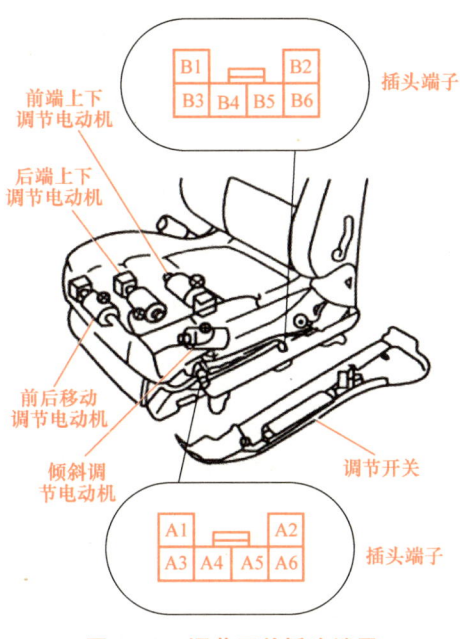

图3-15 调节开关插头端子

2）用蓄电池直接向前后移动调节电动机供电，检查前后移动调节电动机运转情况，见表3-6。如果符合要求，则表明前后移动调节电动机正常；如果前后移动调节电动机不运转，则检查前后移动调节电动机或前后移动调节电动机与调节开关之间线路。

表3-6 前后移动调节电动机运转情况

接蓄电池正极端子	接蓄电池负极端子	前后移动调节电动机是否转动
A5	A1	是（向前）
A1	A5	是（向后）

3）拆下驾驶席电动座椅轨道端盖，拧下驾驶席电动座椅的固定螺栓（图3-16中黑三角），拆开电动座椅线束和线束夹，拆下驾驶席电动座椅。

4）拔下前后移动调节电动机插头，检查前后移动调节电动机是否正常。如果前后移动调节电动机损坏，则更换前后移动调节电动机；如果前后移动调节电动机正常，则检查前后移动调节电动机与调节开关之间导线是否断路。

5）装上驾驶席电动座椅（螺栓拧紧力矩为34N·m）。

6）装上调节开关罩。

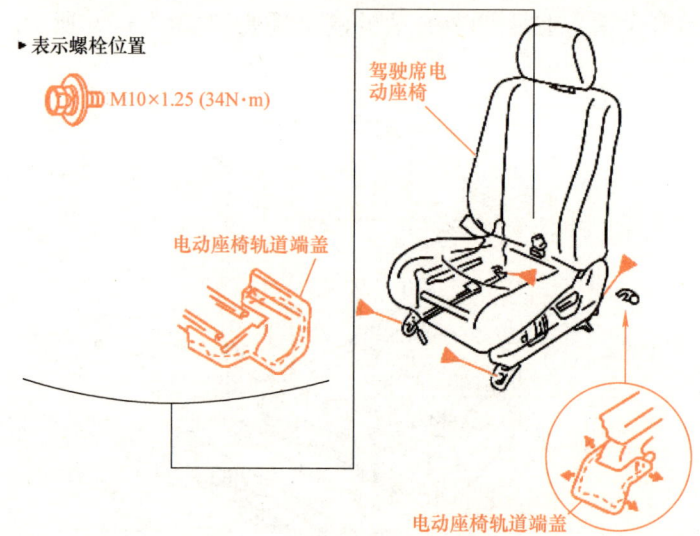

图 3-16 拆下驾驶席电动座椅

技能训练九 诊断排除左电动后视镜上下调节异常故障

1. 实训要求
1)掌握左电动后视镜上下调节异常故障的现象及原因。
2)能够排除左电动后视镜上下调节异常故障。

2. 主要实训器材
1)实训汽车(雅阁 2.3L 轿车)。
2)常用修理工具。
3)数字式万用表。

3. 故障现象
左电动后视镜上下调节异常。

4. 故障原因
1)插接器松脱或线路断路。
2)电动机或开关有故障。

5. 故障诊断与排除
(1)检查左电动后视镜电动机
1)关闭点火开关。
2)拆下驾驶席侧(左前)车门内饰板。
3)断开左电动后视镜插头,如图 3-17 所示。
4)用蓄电池直接向左电动后视镜上下调节电动机通电,检查左电动后视镜电动机运转情况,见表 3-7。如果不符合要求,则更换左电动后视镜。

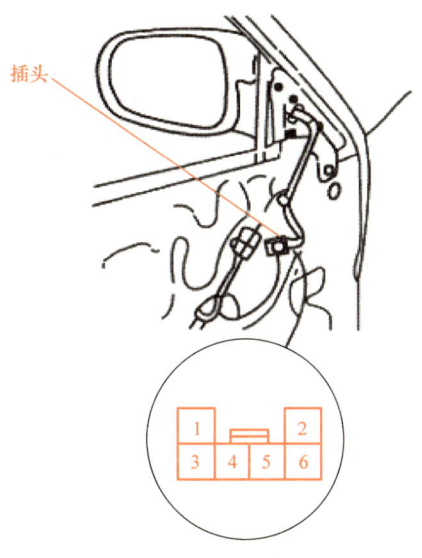

图 3-17 左电动后视镜插头端子

表 3-7 左电动后视镜电动机运转情况

接蓄电池正极	接蓄电池负极	左电动后视镜是否转动
端子 5	端子 4	是（向上）
端子 4	端子 5	是（向下）

5）连接左电动后视镜插头，检查左电动后视镜上下调节是否恢复正常。如果没有，则检查电动后视镜开关。

6）装上驾驶席侧车门内饰板。

（2）检查左电动后视镜开关

1）关闭点火开关。

2）拆下驾驶席侧（左前）车门内饰板。

3）断开左电动后视镜开关插头，拆下左电动后视镜开关，如图 3-18 所示。

4）检查左电动后视镜开关端子之间的导通情况（表 3-8），相应端子应导通，否则，说明左电动后视镜开关损坏。

5）连接左电动后视镜开关插头。

6）装上左电动后视镜开关。

7）装上驾驶席侧车门内饰板。

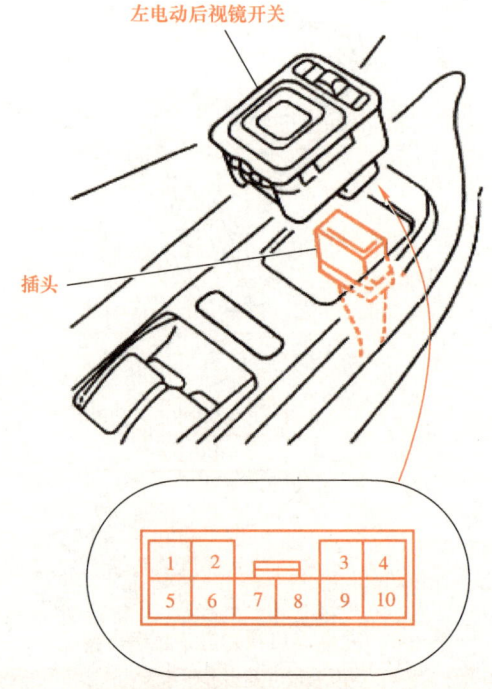

图 3-18 左电动后视镜开关

表 3-8 左电动后视镜开关导通情况

端子		1	2	4	7	8	9	10
左电动后视镜开关位置	上	○—	—	—○				
			○—	—	—	—○			
	下	○—|—|—○					
			○—	—	—	—○			

技能训练十 诊断排除中控门锁左后门锁不能上锁故障

1. 实训要求

1）掌握中控门锁左后门锁不能上锁故障的现象及原因。

2）能够排除中控门锁左后门锁不能上锁故障。

2. 主要实训器材

1）实训汽车（夏利 2000 轿车）。

2）常用修理工具。

3）数字式万用表。

3. 故障现象

左后门锁不能上锁。

4. 故障原因

1）左后门锁控制开关损坏。

2）左后门锁电动机故障。

3）继电器故障。

4）线路断路。

5. 故障诊断与排除

（1）检查左后门锁控制开关

1）拆下左后门锁控制开关，如图3-19所示。

2）检查左后门锁控制开关的导通性，见表3-9。如果不符合要求，则更换左后门锁控制开关。

3）如果左后门锁控制开关正常，则检查左后门锁电动机及线路，或检查门锁继电器及线路。

4）装上左后门锁控制开关。

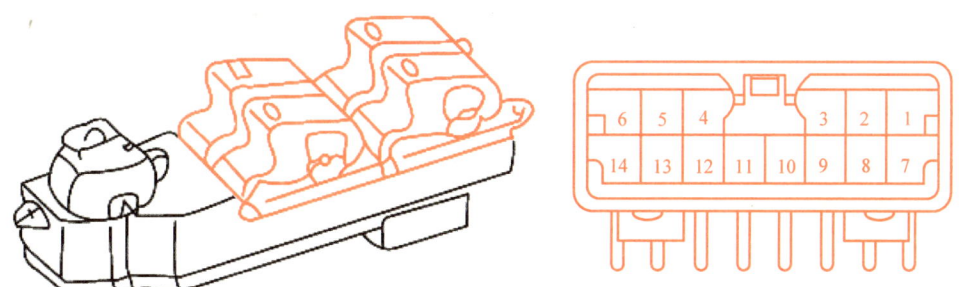

图3-19　左后门锁控制开关及其端子

表3-9　左后门锁控制开关导通性

开关位置	检查端子	导通性
锁止（LOCK）	2-3、2-4	导通
开锁（UNLOCK）	3-7、4-7	导通

（2）检查左后门锁电动机

1）拔下左后门锁插头。

2）用蓄电池直接向左后门锁电动机供电，检查左后门锁电动机动作情况，如图3-20所示。如果不符合要求，则更换左后门锁电动机。

3）如果左后门锁电动机正常，则检查门锁继电器及线路。

4）插上左后门锁插头。

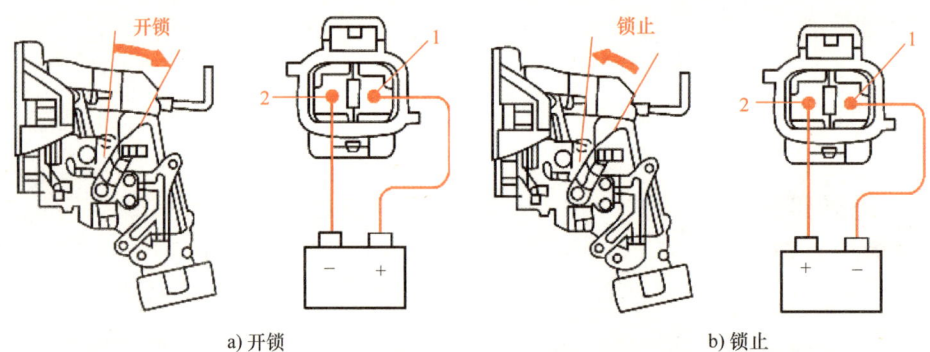

a) 开锁　　　　　　　　　　　　b) 锁止

图 3-20　检查左后门锁电动机动作情况

技能训练十一　诊断排除安全气囊警告灯常亮故障

1. 实训要求
1）掌握安全气囊警告灯常亮故障的现象及原因。
2）能够排除安全气囊警告灯常亮故障。

2. 主要实训器材
1）实训汽车。
2）常用修理工具。
3）数字式万用表。

3. 故障现象
安全气囊警告灯常亮。

4. 故障原因
1）安全气囊线路故障。
2）安全气囊部件故障。

5. 故障诊断与排除
1）关闭点火开关，将诊断仪与诊断座连接。

2）打开点火开关，开启诊断仪，通过诊断仪识别安全气囊，读取安全气囊故障码。

3）若无故障码，通过诊断仪模拟驱动安全气囊警告灯。如果安全气囊警告灯不灭，则表明安全气囊警告灯线路搭铁，应检修安全气囊警告灯线路。

4）若有故障码，通过诊断仪清除故障码。如果清除故障码后，安全气囊警告灯仍亮，则表明安全气囊运行异常。

5）在确认故障后，对安全气囊进行检修。检查气囊组件、安全气囊 ECU 插接器的连接状况。如果松脱，则重新插接或修理。

6）断开气囊组件插接器。参照安全气囊线路连接示意图与电路图，用万用表检查安全气囊系统线路是否断路或短路。不得对气囊组件进行测试，以防止气囊误展开。

7）在更换安全气囊 ECU 后，通过诊断仪对安全气囊 ECU 进行编码和初始化。

8）安全气囊检修后，通过诊断仪清除故障码。

9）安全气囊检修完毕，检查安全气囊警告灯工作状态。如果安全气囊警告灯至少亮 6s 后熄灭，则表明安全气囊正常。

技能训练十二　诊断排除空调制冷循环系统故障

1. 实训要求

1）掌握空调制冷循环系统故障的现象及原因。

2）能够排除空调制冷循环系统故障。

2. 主要实训器材

1）实训汽车。

2）常用修理工具。

3）数字式万用表。

3. 故障现象

打开空调，发现空调出风口温度基本没有变化或变化较小，达不到使用要求。

4. 故障原因

1）压缩机总成损坏。

2）电磁离合器故障。

3）冷凝器散热片被尘垢堵塞。

4）风扇不转动。

5）储液干燥瓶损坏。

6）泄漏。

7）膨胀阀问题。

5. 故障诊断与排除

1）用双手交替触摸压缩机的进气管（管径较粗）和出气管，如果进气管手感冰凉，出气管手感较烫，两者之间有较大的温差，则说明压缩机工作正常（压缩机正常运转时，会发出轻脆而均匀的阀片跳动声）；如果两处的温差较小，再看歧管压力表，若表上显示高压与低压相差不大，则说明压缩机工作不良，原因可能是制冷剂不足、温度传感器损坏、压缩机电磁阀烧毁等。

2）用手触摸压缩机，如果压缩机外壳较热，再看高低压表组，若显示低压侧的压力太高，高压侧的压力太低，则说明压缩机内部密封不良，应当更换压缩机。

3）观察高低压表组，如果压缩机高压侧与低压侧的温差不大，压力都过低，则说明空调系统内的制冷剂太少；若没有温差，则说明制冷剂漏失过多，应当进行检漏，进一步查明泄漏的部位和原因。

4）用手触摸和比较冷凝器输入管和输出管两者的温度，在正常情况下，输入管应当较热，温度为65℃左右；输出管较冷，温度为50℃左右。如果两者的温度相差不大，甚至是相同的，则说明冷凝器未能将制冷剂冷却。

5）在正常情况下，储液干燥瓶是热的，温度为50℃左右。用手触摸储液干燥瓶前、后管道的温度，若发现温度不一致，进口处很热，出口处是冷的，甚至表面出现水露，说明其内部堵塞，原因是干燥剂破碎、制冷系统中有杂物和油污，使制冷剂流动不畅，即发生了"脏堵"，需要马上排除堵塞，或者更换储液干燥过滤器。

6）膨胀阀是汽车空调系统中灵敏度极高的部件，其手感温度比较特殊（与压缩机的情况相反）。在正常情况下，其进口处是高温区，手感较热，出口处是低温区，手感冰凉，有水露。若发现膨胀阀出口处有霜冻现象，则说明膨胀阀的阀口已经堵塞，其原因可能是"脏堵"，也可能是"冰堵"。若膨胀阀进口和出口处几乎没有温差，汽车空调系统不制冷，出风口出热风，这种情况一般是由于膨胀阀有故障，无法实现制冷剂循环。此时应当更换膨胀阀，然后检漏、抽真空、充注制冷剂。

7）各接头的检查。用手轻轻旋转和摇动各接头，检查各个管路接头是否已经松动，电器元件插接器的连接是否振松，这些部位对于汽车空调系统的正常工作有很大的影响。

技能训练十三 诊断排除自动空调系统电路故障

1. 实训要求
1）掌握自动空调系统电路故障的现象及原因。
2）能够排除自动空调系统电路故障。

2. 主要实训器材
1）实训汽车。
2）常用修理工具。
3）数字式万用表。

3. 故障现象
空调不制冷，电磁离合器没有吸合。

4. 故障原因
1）电磁离合器及其线路损坏。
2）空调压力传感器及其线路损坏。
3）温度传感器及其线路损坏。
4）空调系统控制电脑及其线路损坏。
5）空调开关及其线路损坏。

5. 故障诊断与排除

1）连接诊断仪器，读取故障码信息。如果有故障码，按照维修手册的流程进行测量和故障的排除。

2）如果没有故障码，读取数据流信息。查看异常的数据流信息，对产生该信息的传感器及其线路进行测量和诊断。

3）调用元件驱动功能，驱动电磁离合器，检查电磁离合器工作情况，如果异常对其进行测量和诊断。

技能训练十四　更换动力蓄电池组

1. 实训要求

正确更换动力蓄电池组。

2. 主要实训器材

1）丰田混合动力汽车1台。

2）常用拆装工具1套。

3. 技术标准

详见操作步骤。

4. 基本操作步骤

步骤1　拆卸

1）检查故障码。

注意：在蓄电池内执行拆卸或安装工作前，如果输出P0AA6（混合动力蓄电池电压系统绝缘故障）故障码，则应先排除此故障码的故障。

2）松开两个卡爪并拆下行李舱装饰检修孔盖。

3）从蓄电池负极端子上断开电缆。

注意：断开并重新连接电缆后，某些系统需要初始化。

4）拆卸维修塞把手。

5）拆卸发动机室2号左侧盖。

6）拆卸插接器盖总成。

7）检查端子电压。

8）安装插接器盖总成。

9）安装发动机室2号左侧盖。

10）拆卸行李舱地板垫。

11）拆卸备胎罩卡夹。

12）拆卸备胎罩总成。

13）拆卸行李舱1号装饰钩。

14）拆卸后地板装饰板。

15）拆卸行李舱后装饰罩。
16）拆卸行李舱左侧内装饰罩。
17）拆卸后窗台板装饰板总成。
18）拆下两个卡子和2号上背板孔盖。
19）拆下3个卡子和行李舱前装饰罩（图3-21）。
20）拆卸1号HV蓄电池进气管。
21）拆卸2号HV蓄电池进气管。
22）拆卸蓄电池冷却鼓风机总成。
23）拆卸5号HV蓄电池进气管。
24）拆卸3号HV蓄电池进气管（图3-22）。

警告！在拆卸蓄电池有关零件时需要佩戴绝缘手套。

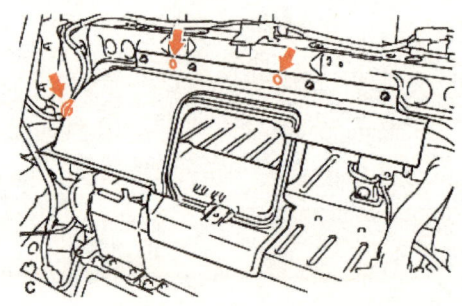

图3-21 拆下行李舱前装饰罩

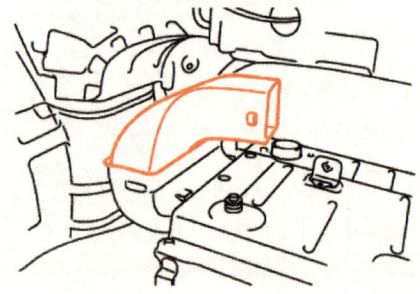

图3-22 拆卸3号HV蓄电池进气管

25）拆下两个卡子和4号HV蓄电池进气管（图3-23）。
26）拆卸2号HV蓄电池排气管。
27）拆卸线束卡夹支架。
28）拆卸蓄电池上托架分总成。
29）断开线束组。
30）安装备胎罩总成。
31）安装备胎罩卡夹。
32）安装行李舱地板垫。
33）拆卸HV蓄电池。
① 从1号蓄电池盖上断开线束卡夹。
② 分离两个卡爪，并拆下接线盒盖。
③ 拆下螺母并断开线束组（AMD电缆），断开蓄电池组线束插接器（图3-24）。
④ 拆下蓄电池绝缘垫橡胶的密封垫（图3-25）。

图3-23 拆下4号HV蓄电池进气管

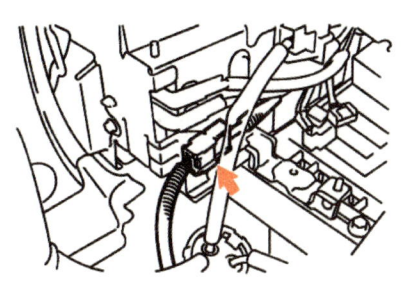

图 3-24 蓄电池组线束插接器

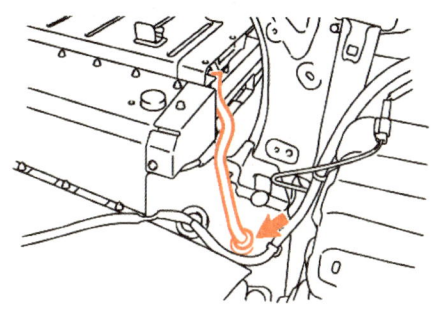

图 3-25 蓄电池绝缘垫橡胶的密封垫

⑤ 从 HV 蓄电池上拆下 6 个固定螺栓。
⑥ 准备一张 750mm×500mm 或更大的硬纸板。
⑦ 用扒胎棒支承 HV 蓄电池，插入硬纸板直到不能插入为止（图 3-26）。

注意：移动蓄电池或其他零件时，用绝缘胶带捆绑线束组以防缠绕。

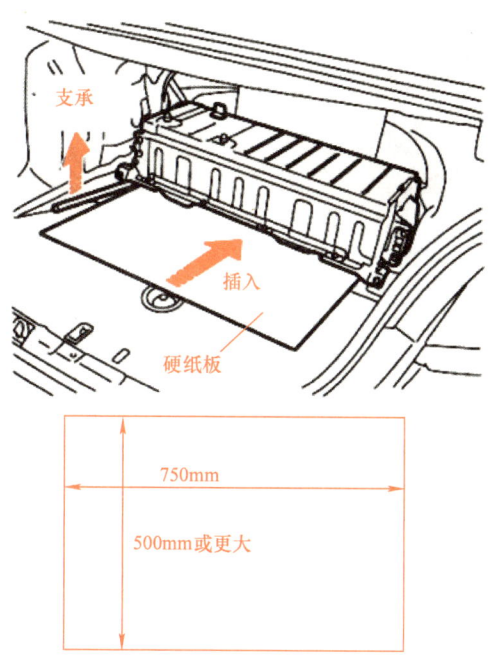

图 3-26 蓄电池插入硬纸板

⑧ 将 HV 蓄电池和硬纸板拉向车辆后部。
⑨ 当 HV 蓄电池后端倾斜 45°时，用发动机吊链装置拆下 HV 蓄电池（图 3-27）。

注意：用硬纸板或其他类似材料以保护 HV 蓄电池和车身免受损坏。

34）拆卸1号蓄电池盖。

35）拆卸5号蓄电池托架面板。

36）拆卸1号HV蓄电池排气管。

37）拆卸噪声滤波器电容器。

38）拆卸HV继电器总成。

39）拆卸蓄电池ECU。

40）拆卸混合动力车辆转换器。

41）从HV蓄电池上拆下螺母和逆变器端子（图3-28）。

图3-27 拆下HV蓄电池

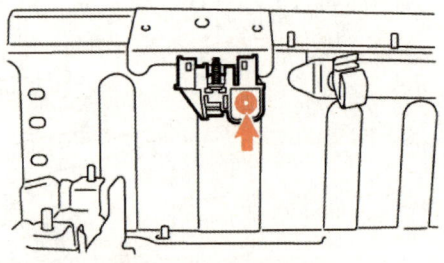

图3-28 拆下逆变器端子

42）拆卸蓄电池绝缘垫橡胶。

① 拆下3个螺栓、螺母和蓄电池托架支架（图3-29）。

② 拆下蓄电池绝缘垫橡胶（图3-30）。

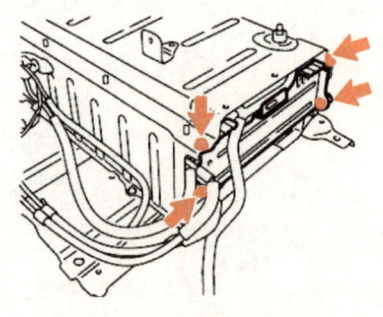

图3-29 蓄电池托架支架

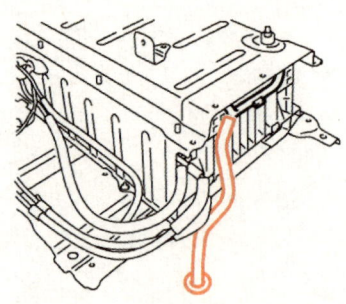

图3-30 蓄电池绝缘垫橡胶

步骤2 安装

1）安装蓄电池绝缘垫橡胶。

① 安装蓄电池绝缘垫橡胶（图3-31）。

② 用 3 个螺栓和螺母安装蓄电池托架支架（图 3-32），拧紧力矩为 8.0N·m。

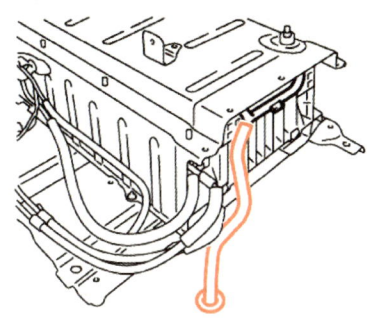

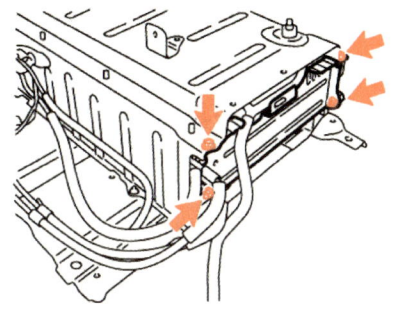

图 3-31　安装蓄电池绝缘垫橡胶　　　　图 3-32　安装蓄电池托架支架

2）安装逆变器端子。用螺母将逆变器端子安装到 HV 蓄电池上，拧紧力矩为 8.0N·m。

3）安装混合动力车辆转换器。

4）安装蓄电池 ECU。

5）安装 HV 继电器总成。

6）安装噪声滤波器电容器。

7）安装 1 号 HV 蓄电池排气管。

8）安装 5 号蓄电池托架面板。

9）安装 1 号蓄电池盖。

10）安装 HV 蓄电池。

① 在行李舱内放一张硬纸板。

② 当 HV 蓄电池后端倾斜 45°时，用发动机吊链装置安装 HV 蓄电池（图 3-33）。

注意：用硬纸板或其他类似材料以保护 HV 蓄电池和车身免受损坏。

③ 将 HV 蓄电池和硬纸板推向车辆前部。

注意：将孔的位置与 HV 蓄电池固定螺栓对正。

④ 用扒胎棒支承 HV 蓄电池，并将硬纸板拉出。

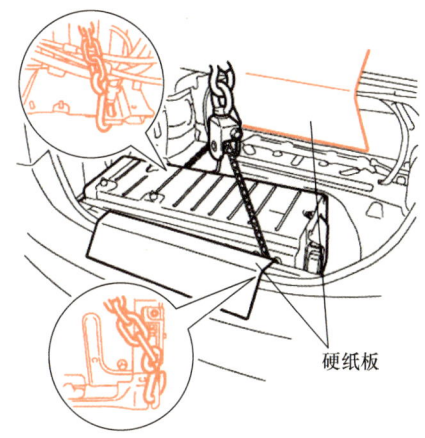

图 3-33　吊装 HV 蓄电池

⑤ 将 6 个螺栓安装到 HV 蓄电池上，拧紧力矩为 19N·m。

⑥ 用密封垫连接蓄电池绝缘垫橡胶（图 3-34）。

注意：安装密封垫后，确保密封垫与车身之间无间隙。

⑦ 连接蓄电池组线束插接器（图3-35）。

⑧ 用螺母连接线束组（AMD电缆），拧紧力矩为9.0N·m。

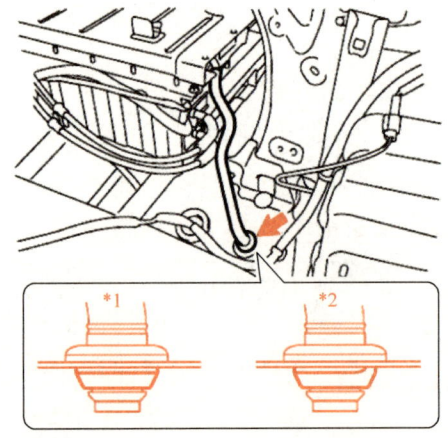

图3-34　用密封垫连接蓄电池绝缘垫橡胶

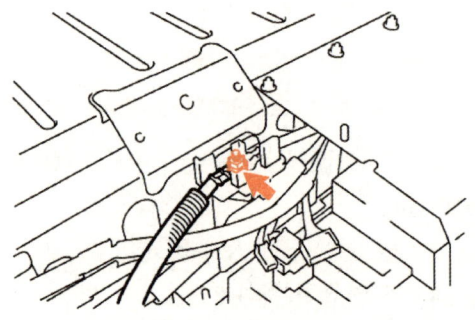

图3-35　连接蓄电池组线束插接器

⑨ 接合两个卡爪以安装接线盒盖。

⑩ 将线束卡夹连接到1号蓄电池盖上。

11）拆卸行李舱地板垫。

12）拆卸备胎罩卡夹。

13）拆卸备胎罩总成。

14）连接线束组。

15）安装蓄电池上托架分总成。

16）安装线束卡夹支架。

17）安装2号HV蓄电池排气管。

18）用两个卡子安装4号HV蓄电池进气管。

19）安装3号HV蓄电池进气管。

20）安装5号HV蓄电池进气管。

21）安装蓄电池冷却鼓风机总成。

22）安装2号HV蓄电池进气管。

23）安装1号HV蓄电池进气管。

24）用3个卡子安装行李舱前装饰罩。

25）用两个卡子安装2号上背板孔盖。

26）安装后窗台板装饰板总成。

27）安装行李舱左侧内装饰罩。

28）安装行李舱后装饰罩。

29）安装后地板装饰板。

30）安装行李舱 1 号装饰钩。

31）安装备胎罩总成。

32）安装备胎罩卡夹。

33）安装行李舱地板垫。

34）安装维修塞把手。

35）将电缆连接到蓄电池负极端子上。

注意：断开并重新连接电缆后，某些系统需要初始化。

36）用两个卡爪安装行李舱装饰检修孔盖（图 3-36）。

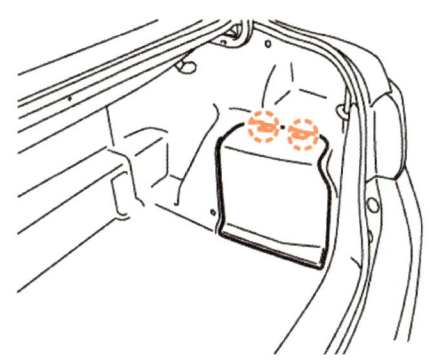

图 3-36　安装行李舱装饰检修孔盖

技能训练十五　更换动力蓄电池散热风扇

1. 实训要求

正确更换动力蓄电池散热风扇。

2. 主要实训器材

1）丰田混合动力汽车 1 台。

2）常用拆装工具 1 套。

3. 技术标准

混合动力汽车的 ECU 通过 HV 蓄电池总成内的 4 个温度传感器（图 3-37）来监视蓄电池温度的升高，然后使用占空比控制对冷却风扇进行无级驱动，从而使 HV 蓄电池总成的温度保持在规定范围内。

当空调系统运行并降低车厢温度时，如果 HV 蓄电池温度在规定范围内，则混合动力汽车的 ECU 将关闭蓄电池冷却风扇或将风扇转换为低速。该控制的目的是优先降低车厢温度，同时也冷却蓄电池模块。

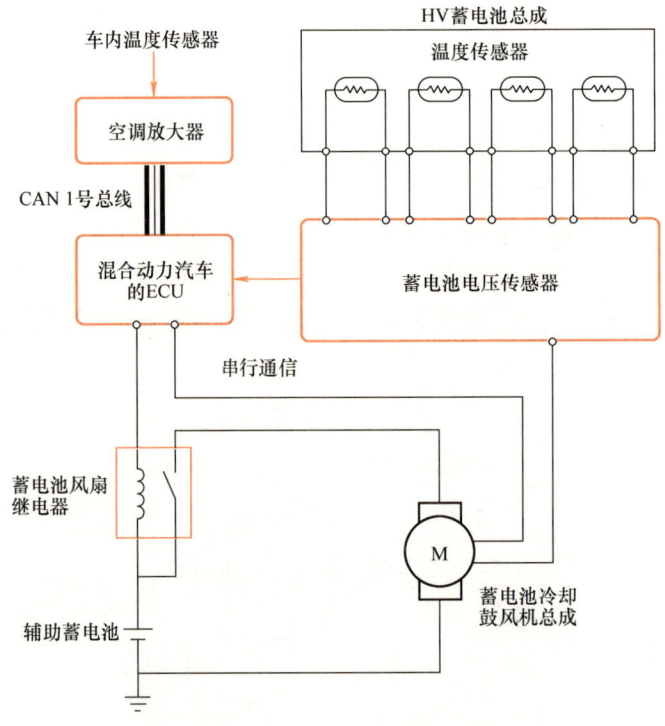

图 3-37　HV 蓄电池冷却风扇控制电路

4. 基本操作步骤

步骤 1　拆卸

1）拆卸后窗台板装饰板总成。

2）拆下两个卡子和 2 号上背板孔盖。

3）拆下 3 个卡子和行李舱前装饰罩（图 3-38）。

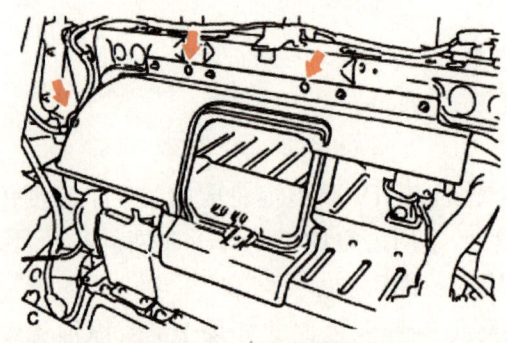

图 3-38　拆下行李舱前装饰罩

4）拆卸 1 号 HV 蓄电池进气管。

① 拆下上背板孔盖。

② 从后窗遮阳帘总成上拆下两个螺栓。
③ 拆下1号HV蓄电池进气管（图3-39）。
5）拆下两个螺栓、卡子和2号HV蓄电池进气管（图3-40）。

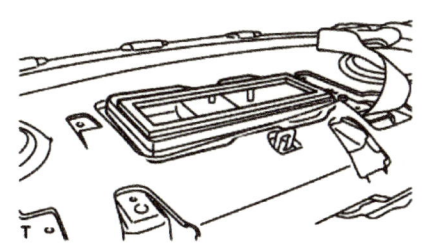

图3-39　拆下1号HV蓄电池进气管

图3-40　拆下2号HV蓄电池进气管

6）拆卸蓄电池冷却鼓风机总成。
① 从蓄电池冷却鼓风机总成上拆下螺栓。
② 从蓄电池冷却鼓风机总成上断开插接器（图3-41）。
③ 拆下蓄电池冷却鼓风机总成，如图3-42所示。

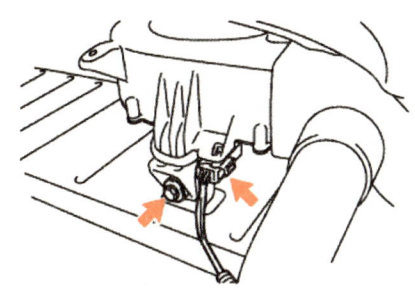

图3-41　从蓄电池冷却鼓风机总成上断开插接器

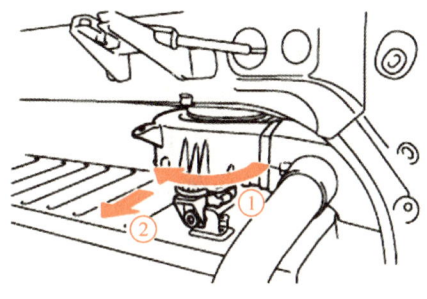

图3-42　拆下蓄电池冷却鼓风机总成

注意：
• 请勿触摸蓄电池冷却鼓风机总成的风扇。
• 举起蓄电池冷却鼓风机总成时请勿握住线束。

步骤2　安装

1）安装蓄电池冷却鼓风机总成。
① 装上蓄电池冷却鼓风机总成，如图3-43所示。

图3-43　装上蓄电池冷却鼓风机总成

注意:
- 请勿触摸蓄电池冷却鼓风机总成的风扇。
- 举起蓄电池冷却鼓风机总成时请勿握住线束。
- 务必使蓄电池冷却鼓风机总成的切口与衬套接合牢固。

② 将螺栓安装到蓄电池冷却鼓风机总成上,并以 8.0N·m 的力矩拧紧螺栓。

2)安装 2 号 HV 蓄电池进气管。用两个螺栓和卡子安装 2 号 HV 蓄电池进气管,并以 8.0N·m 的力矩拧紧螺栓。

3)安装 1 号 HV 蓄电池进气管。

① 装上 1 号 HV 蓄电池进气管。

② 将两个螺栓安装到后窗遮阳帘总成上。

③ 安装上背板孔盖。

4)用 3 个卡子安装行李舱前装饰罩。

5)用两个卡子安装 2 号上背板孔盖。

6)安装后窗台板装饰板总成。

复习思考题

1. 汽车电气设备故障诊断的一般程序是什么?
2. 充电系统常用的故障诊断方法有哪些?
3. 充电系统常见故障部位有哪些?
4. 充电系统电路常见故障有哪些?
5. 充电指示灯电路故障检测流程是什么?
6. 起动系统常见故障原因是什么?
7. 起动机常见故障部位有哪些?
8. 起动机不转动的检测工艺流程是什么?
9. 汽车照明系统故障诊断方法是什么?
10. 转向信号灯常见故障有哪些?
11. 转向信号灯故障诊断流程是什么?
12. 音响娱乐系统故障诊断方法是什么?
13. 电动座椅系统故障诊断方法是什么?
14. 电动后视镜系统故障诊断方法是什么?
15. 中控门锁系统故障诊断方法是什么?
16. 刮水器系统故障诊断方法是什么?
17. 电动车窗系统故障诊断方法是什么?
18. 安全气囊系统故障诊断方法是什么?

19. 空调制冷循环系统故障的诊断方法是什么？
20. 自动空调系统电路故障诊断方法是什么？
21. 手动空调系统电路故障诊断方法是什么？
22. 空调取暖和通风系统故障诊断方法是什么？
23. 如何诊断排除充电系统不充电故障？
24. 充电系统不充电故障的现象及原因是什么？
25. 如何诊断排除充电电流不稳故障？
26. 充电电流不稳故障的现象及原因是什么？
27. 如何诊断排除起动机不转动故障？
28. 起动机不转动故障的现象及原因是什么？
29. 如何诊断排除起动机运转无力故障？
30. 起动机运转无力故障的现象及原因是什么？
31. 如何诊断排除单向离合器不回位故障？
32. 单向离合器不回位故障的现象及原因是什么？
33. 如何诊断排除起动机异响故障？
34. 起动机异响故障的现象及原因是什么？
35. 如何诊断排除前照灯不亮故障？
36. 前照灯不亮故障的现象及原因是什么？
37. 如何诊断排除前照灯灯光暗淡故障？
38. 前照灯灯光暗淡故障的现象及原因是什么？
39. 如何诊断排除转向信号灯不工作故障？
40. 转向信号灯不工作故障的现象及原因是什么？
41. 如何诊断排除制动灯不亮故障？
42. 制动灯不亮故障的现象及原因是什么？
43. 如何诊断排除喇叭不响故障？
44. 喇叭不响故障的现象及原因是什么？
45. 如何诊断排除喇叭长鸣不止故障？
46. 喇叭长鸣不止故障的现象及原因是什么？
47. 如何诊断排除电流表指针不动、指示不准故障？
48. 电流表指针不动、指示不准故障的现象及原因是什么？
49. 如何诊断排除冷却液温度表指针指示不正常故障？
50. 冷却液温度表指针指示不正常故障的现象及原因是什么？
51. 如何诊断排除机油压力表指针指示不正常故障？
52. 机油压力表指针指示不正常故障的现象及原因是什么？
53. 如何诊断排除燃油表指针指示不正常故障？

54. 燃油表指针指示不正常故障的现象及原因是什么？
55. 如何诊断排除电动座椅不工作故障？
56. 电动座椅不工作故障的现象及原因是什么？
57. 如何诊断排除左电动后视镜上下调节异常故障？
58. 左电动后视镜上下调节异常故障的现象及原因是什么？
59. 如何诊断排除中控门锁左后门锁不能上锁故障？
60. 中控门锁左后门锁不能上锁故障的现象及原因是什么？
61. 如何诊断排除刮水器各档都不工作故障？
62. 刮水器各档都不工作故障的现象及原因是什么？
63. 如何诊断排除电动车窗不能升降故障？
64. 电动车窗不能升降故障的现象及原因是什么？
65. 如何诊断排除安全气囊警告灯常亮故障？
66. 安全气囊警告灯常亮故障的现象及原因是什么？
67. 如何诊断排除空调制冷循环系统故障？
68. 空调制冷循环系统故障的现象及原因是什么？
69. 如何诊断排除自动空调系统电路故障？
70. 自动空调系统电路故障的现象及原因是什么？

模 拟 试 卷

高级汽车维修工理论知识试卷

注 意 事 项

1. 考试时间：120min。
2. 请首先按要求在试卷的标封处填写您的姓名、准考证号和所在单位的名称。
3. 请仔细阅读各种题目的回答要求，在规定的位置填写您的答案。
4. 不要在试卷上乱写乱画，不要在标封区填写无关的内容。

	一	二	总 分
得 分			

得 分	
评分人	

一、单项选择题（第1题～第160题。选择一个正确的答案，将相应的字母填入题内的括号中。每题0.5分，满分80分）

1. 职业道德是长期以来（　　）形成的。
   A. 自然　　　　B. 自觉　　　　C. 强制　　　　D. 约束
2. （　　）可以调节从业人员内部的关系。
   A. 社会责任　　B. 社会公德　　C. 社会意识　　D. 职业道德
3. （　　）标准多元化，代表了不同企业可能具有不同的价值观。
   A. 职业守则　　B. 人生观　　　C. 职业道德　　D. 多样性
4. 职业素质是劳动者对（　　）了解与适应能力的一种综合体现，其主要表现在职业兴趣、职业能力、职业个性及职业情况等方面。
   A. 消费者　　　B. 社会职业　　C. 生产者　　　D. 个人
5. 中国共产党领导的多党合作和政治协商制度是一项具有中国特色的（　　）。

A. 基本制度　　B. 政治制度　　C. 社会主义制度　　D. 基本政治制度

6. （　　）是每一个员工的基本职业素质体现。

A. 放纵他人　　B. 严于同事　　C. 放纵自己　　D. 严于律己

7. 劳动纠纷是指劳动关系双方当事人在执行劳动法律、法规或履行（　　）的过程中持不同的主张和要求而产生的争执。

A. 合同法　　B. 宪法　　C. 个人权利　　D. 劳动合同

8. 用量缸表测量气缸时，当大指针沿顺时针方向离开"0"位时，表示气缸直径（　　）标准尺寸的缸径。

A. 小于　　B. 等于　　C. 大于　　D. 大于或等于

9. 正弦交流电的三要素是（　　）、角频率和初相位。

A. 最小值　　B. 平均值　　C. 最大值　　D. 代数值

10. 晶体管的（　　）作用是晶体管基本的和最重要的特性。

A. 电流放大　　B. 电压放大　　C. 功率放大　　D. 单向导电

11. 液压缸按结构型式主要分为活塞式、柱塞式、（　　）。

A. 双作用式　　B. 液压式　　C. 单作用式　　D. 摆动式

12. 汽车基本上由（　　）四大部分组成。

A. 发动机、变速器、底盘、车身　　B. 离合器、底盘、车身、电气设备
C. 发动机、离合器、变速器、车身　　D. 发动机、底盘、车身、电气设备

13. 凸轮轴是用来控制各气缸进、排气门（　　）时间的。

A. 开闭时刻和开启持续　　B. 压缩
C. 点火　　D. 做功

14. 汽车空调中的冷凝器常用的有管带工、（　　）、平流式三种类型。

A. 管片式　　B. 卧式壳管式　　C. 套管式　　D. 壳管式

15. 发动机起动后，应（　　）检查各仪表的工作情况是否正常。

A. 及时　　B. 迟后　　C. 途中　　D. 熄火后

16. （　　）与血红蛋白结合，造成血液输氧能力下降，导致人体缺氧。

A. 固体颗粒　　B. HC　　C. 氮氧化物　　D. CO

17. 主要是在发动机进气口、排气口和运转中的风扇处的响声属于（　　）异响。

A. 机械　　B. 燃烧　　C. 空气动力　　D. 电磁

18. 电控发动机怠速不平稳的原因有进气管真空渗漏和（　　）等。

A. 电动汽油泵不工作　　B. 曲轴位置传感器失效
C. 点火正时失准　　D. 爆燃传感器失效

19. 若发动机连杆轴承响，响声会随发动机负荷增加而（　　）。

A. 减小　　B. 增大　　C. 先增大后减小　　D. 先减小后增大

20. 发动机活塞敲缸异响发出的声音是（　　）声。
   A. "铛铛"　　　B. "啪啪"　　　C. "嗒嗒"　　　D. "噗噗"
21. 发动机活塞销异响的原因是（　　）。
   A. 活塞销与活塞上的销座孔配合松旷　B. 连杆弯曲、扭曲变形
   C. 连杆轴承盖的连接螺栓松动　　　　D. 活塞销质量差
22. 若发动机气门响，其响声会随发动机转速增高而增高，温度变化和单缸断火时响声（　　）。
   A. 减弱　　　B. 不减弱　　　C. 消失　　　D. 变化不明显
23. 汽油机点火过早异响的现象是（　　）。
   A. 发动机温度变化时响声不变化
   B. 单缸断火响声不减弱
   C. 发动机温度越高、负荷越大，响声越强烈
   D. 变化不明显
24. 在起动柴油机时排气管不排烟，这时将喷油泵放气螺钉松开，扳动手油泵，观察泵放气螺钉是否流油，若不流油或有气泡冒出，则表明（　　）。
   A. 低压油路有故障　　　　　B. 高压油路有故障
   C. 回油油路有故障　　　　　D. 高、低压油路都有故障
25. 柴油机起动时排气管冒白烟，其故障原因是（　　）。
   A. 燃油箱无油或存油不足　　B. 柴油滤清器堵塞
   C. 高压油管有空气　　　　　D. 燃油中有水
26. （　　）是汽油发动机热车起动困难的主要原因。
   A. 混合气浓度过低　　　　　B. 混合气浓度过高
   C. 油路不畅　　　　　　　　D. 点火错乱
27. 柴油机起动困难，应从喷油时刻、（　　）、压缩终了时的气缸压力温度等方面找原因。
   A. 燃油雾化　　　　　　　　B. 手油泵
   C. 燃油输送　　　　　　　　D. 喷油泵驱动联轴器
28. 若起动车辆的时候没听到起动的声音，则说明（　　）。
   A. 蓄电池电压低　　　　　　B. 发电机损坏
   C. 起动机不工作　　　　　　D. 点火线圈温度过高
29. 如果是发动机完全不能起动，并且毫无着火迹象，一般是由于燃油没有喷射引起的，需要检查（　　）。
   A. 转速信号系统　B. 火花塞　　C. 起动机　　　D. 点火线圈
30. 柴油机动力不足，可在发动机运转中运用（　　），观察发动机转速变化，找出故障缸。

A.多缸断油法　　B.单缸断油法　　C.多缸断火法　　D.单缸断火法

31.发动机加速发闷、转速不易提高的原因是（　　）。
A.火花塞间隙不符合标准　　　　B.少数缸不工作
C.空气滤清器堵塞　　　　　　　D.排气系统阻塞

32.柴油发动机燃油油耗超标的原因是（　　）。
A.配气相位失准　　　　　　　　B.气缸压力低
C.喷油器调整不当　　　　　　　D.机油变质

33.一般情况下，机油消耗与燃油消耗比值为（　　）为正常。
A.0.1%~0.5%　　B.0.5%~1%　　C.0.25%~0.5%　　D.0.5%~2%

34.若汽油机燃料消耗量过大，则检查（　　）。
A.油箱或管路是否漏油　　　　　B.空气滤清器是否堵塞
C.燃油泵故障　　　　　　　　　D.进气管漏气

35.若发动机机油油耗超标，则检查（　　）。
A.机油黏度是否符合要求　　　　B.机油油道是否堵塞
C.气门与气门导管的间隙　　　　D.油底壳油量是否不足

36.柴油机排放的主要有害物质是（　　）。
A.炭烟　　　　B.CO_2　　　　C.CO　　　　D.N_2

37.若发动机排放超标，则检查（　　）。
A.排气歧管　　B.排气管　　C.三元催化转化器　D.EGR阀

38.若发动机过热，且上水管与下水管温差过大，则可判断（　　）不工作。
A.水泵　　　　B.节温器　　　C.风扇　　　　D.散热器

39.发动机产生爆燃的原因是（　　）。
A.压缩比过小　　　　　　　　　B.汽油辛烷值过低
C.点火过晚　　　　　　　　　　D.发动机温度过低

40.电控发动机怠速不稳的原因是（　　）。
A.节气门位置传感器失效　　　　B.曲轴位置传感器失效
C.点火正时失准　　　　　　　　D.氧传感器失效

41.电控发动机故障征兆模拟试验法包括（　　）。
A.专用诊断仪器诊断　　　　　　B.随车故障自诊断
C.简单仪表诊断　　　　　　　　D.加热法

42.电控发动机怠速不稳的故障现象是（　　）。
A.发动机怠速不平稳，且易熄火　B.发动机转速忽高忽低
C.发动机工作时好时坏　　　　　D.燃油消耗量过大

43.电控发动机运转不稳的故障现象是（　　）。
A.发动机怠速不平稳，且易熄火　B.加速时发动机消声器有"放炮"声

C. 发动机工作时好时坏 D. 燃油消耗量过大

44. 电控发动机加速无力的故障原因是（　　）。
   A. 燃油压力调节器失效　　　B. 曲轴位置传感器失效
   C. 凸轮轴位置传感器失效　　D. 氧传感器不稳

45. 发动机（　　）起动，是由EFI主继电器电源失效造成的。
   A. 正常　　　　　　　　　　B. 不能
   C. 勉强　　　　　　　　　　D. 正常、不能、勉强均正确

46. 汽车起步时，车身发抖并能听到"咔啦、咔啦"的撞击声，且在车速变化时响声更加明显。车辆在高速档轻踩加速踏板行驶时，响声增强，抖动更严重。其原因可能是（　　）。
   A. 常啮合齿轮磨损成梯形或轮齿损坏 B. 分离轴承缺少润滑油或损坏
   C. 差速器齿轮损坏　　　　　D. 传动轴万向节叉等速排列破坏

47. 离合器盖与压盘连接松旷会导致（　　）。
   A. 万向传动装置异响　　　　B. 离合器异响
   C. 手动变速器异响　　　　　D. 驱动桥异响

48. 变速器工作时发出的不均匀的碰击声，其原因可能是（　　）。
   A. 分离轴承缺少润滑油或损坏
   B. 从动盘铆钉松动、钢片破裂或减振弹簧折断
   C. 离合器盖与压盘连接松旷
   D. 齿轮齿面金属剥落或个别牙齿折断

49. 诊断与排除底盘异响需要下列哪些操作准备（　　）。
   A. 汽车故障排除工具及设备　B. 故障诊断仪
   C. 一台无故障的汽车　　　　D. 解码仪

50. 行驶中，声响杂乱无规则，时而出现金属撞击声，说明（　　）。
   A. 中间支承轴承内圈过盈配合松旷
   B. 中间轴承支承架固定螺栓松动
   C. 万向节轴承壳压紧过甚，使之转动不灵活
   D. 传动轴万向节叉等速排列破坏

51. 连续踩离合器踏板，在即将分离或接合的瞬间有异响，则为（　　）。
   A. 压盘与离合器盖连接松旷　B. 轴承磨损严重
   C. 摩擦片铆钉松动、外露　　D. 中间传动轴后端螺母松动

52. 变速器直接档工作无异响，其他档位均有异响，说明（　　）。
   A. 齿轮啮合不良或损坏　　　B. 第二轴后轴承松旷或损坏
   C. 齿轮间隙过小引起的　　　D. 第二轴前轴承损坏

53. 在读取故障码之前，应先（　　）。

A. 检查汽车蓄电池电压是否正常

B. 打开点火开关，将它置于 ON 位置，但不要起动发动机

C. 按下超速档开关，使之置于 ON 位置

D. 根据自动变速器故障警告灯的闪亮规律读出故障码

54. （　　）会使前轮外倾发生变化，造成轮胎单边磨损。

   A. 纵横拉杆或转向机构松旷　　　　B. 钢板弹簧 U 形螺栓松旷

   C. 轮毂轴承松旷或转向节与主销松旷　D. 前钢板吊耳销和衬套磨损

55. （　　）会导致胎冠由内侧向外侧呈锯齿状磨损。

   A. 前轮前束过小　　　　　　　　B. 横直拉杆或转向机构松旷

   C. 轮毂轴承松旷或转向节与主销松旷　D. 前轮前束过大

56. 下列属于前轮摆振现象的是（　　）。

   A. 轮胎胎面磨损不均匀，胎冠两肩磨损，胎壁擦伤

   B. 汽车行驶时，有时出现两前轮各自围绕主销进行角振动的现象

   C. 胎冠由外侧向里侧呈锯齿状磨损，胎冠呈波浪状磨损，胎冠呈碟边状磨损

   D. 胎冠中部磨损，胎冠外侧或内侧单边磨损

57. 轮胎若呈现无规律磨损，则为（　　）原因造成。

   A. 轮胎气压过低

   B. 各部松旷、变形、使用不当或轮胎质量不佳

   C. 前轮外倾过小

   D. 前束过小或负前束

58. 为保持轮胎缓和路面冲击的能力，给轮胎的充气标准可（　　）最高气压。

   A. 略低于　　　　B. 略高于　　　　C. 等于　　　　D. 高于

59. 诊断前轮摆振程序的第二步应该检查（　　）。

   A. 前桥与转向系统各连接部位是否松旷　B. 前轮是否装用翻新轮胎

   C. 前钢板弹簧 U 形螺栓　　　　　　　D. 前轮的径向跳动量和轴向跳动量

60. 用手左右抓住转向盘，沿转向轴轴线方向做上下拉压动作，如果感到有明显的松旷量，则故障在（　　）。

   A. 转向器内主从动部分啮合部位松旷或垂臂轴承松旷

   B. 转向盘与转向轴之间松旷

   C. 转向器主动部分轴承松旷

   D. 转向器在车架上的固定不好

61. （　　）现象不属于制动跑偏的现象。

   A. 制动突然跑偏　　　　　　　　B. 向右转向时制动跑偏

   C. 有规律的单向跑偏　　　　　　D. 无规律的忽左忽右的跑偏

62. （　　）属于制动拖滞。

A. 汽车行驶时，有时出现两前轮各自围绕主销进行角振动的现象，即前轮摆振

B. 轮胎胎面磨损不均匀，胎冠两肩磨损，胎壁擦伤，胎冠中部磨损

C. 驾驶人必须紧握转向盘方能保持直线行驶，若稍微放松转向盘，汽车便自行跑向一边

D. 踩下制动踏板时感到高而硬，踩不下去。汽车起步困难，行驶无力。当松抬加速踏板而踩下离合器时，尚有制动感觉

63. 制动蹄与制动蹄轴锈蚀，使制动蹄转动复位困难会导致（　　）。
   A. 制动失效　　　B. 制动跑偏　　　C. 制动抱死　　　D. 制动拖滞

64. 感觉防抱死制动系统工作不正常，该现象是（　　）。
   A. 制动拖滞　　　　　　　　B. 制动跑偏
   C. 制动抱死　　　　　　　　D. 制动防抱死装置失效

65. 就一般防抱死制动系统而言，下列叙述哪个正确（　　）。
   A. 紧急制动时，可避免车轮抱死而造成方向失控或不稳定现象
   B. ABS故障时，制动系统将会完全丧失制动力
   C. ABS故障时，转向盘的转向力量将会加重
   D. 可提高行车舒适性

66. 在诊断与排除汽车制动故障的操作前应准备一辆（　　）汽车。
   A. 待排除的有传动系故障的　　　B. 待排除的有制动系故障的
   C. 待排除的有转向系故障的　　　D. 待排除的有行驶系故障的

67. 出现制动跑偏故障，如果轮胎气压一致，用手触摸跑偏一边的制动鼓和轮毂轴承过热，应（　　）。
   A. 检查左右轴距是否相等
   B. 检查前束是否符合要求
   C. 检查两侧主销后倾角或车轮外倾角是否不等
   D. 调整制动间隙或轮毂轴承

68. 若制动拖滞故障在制动主缸，应先检查（　　）。
   A. 制动踏板自由行程是否过小
   B. 制动踏板复位弹簧弹力是否不足
   C. 制动踏板轴及连杆机构的润滑情况是否良好
   D. 回油情况

69. 排除防抱死制动装置失效故障后，应该（　　）。
   A. 检验驻车制动是否完全释放
   B. 清除故障码
   C. 进行路试
   D. 检查制动液液面是否在规定的范围内

70. 在诊断与排除防抱死制动故障灯报警故障时，连接"STAR"扫描仪和 ABS 自诊断插接器，接通"STAR"扫描仪上的电源开关，按下中间按钮，再将车上的点火开关转到 ON 位置，如果有故障码存储在电脑中，那么在（　　）s 内将从扫描仪的显示器显示出来。

 A. 15　　　　　　B. 30　　　　　　C. 45　　　　　　D. 60

71. 前照灯近光灯丝损坏，会造成前照灯（　　）。

 A. 全不亮　　　B. 一侧不亮　　　C. 无近光　　　D. 无远光

72. 汽车灯光系统出现故障，除与本系统元件损坏有关外，还可能与（　　）有关。

 A. 充电系统　　B. 起动系统　　C. 仪表报警系统　　D. 空调系统

73. 用试灯测量照明灯线路某点，若灯亮，则说明该点前方的线路（　　）。

 A. 断路　　　　B. 短路　　　　C. 正常　　　　D. 击穿

74. 用万用表检测照明灯线路某点，若无电压显示，则说明该点前方的线路（　　）。

 A. 断路　　　　B. 短路　　　　C. 搭铁　　　　D. 接触电阻较大

75. 用万用表检测照明灯线路某点，若显示正常电压，则明该点前方的线路（　　）。

 A. 断路　　　　B. 短路　　　　C. 搭铁　　　　D. 良好

76. 若闪光器电源接线柱上的电压为 0V，说明（　　）。

 A. 供电线断路　B. 转向灯开关损坏　C. 闪光器损坏　D. 灯泡损坏

77. 当转向信号灯开关拨至左转向时，左右两边转向灯都发出微弱的光，则故障点是在（　　）。

 A. 左转向信号灯搭铁处　　　　B. 右转向信号灯搭铁处
 C. 左转向信号灯供电线处　　　D. 右转向信号灯供电线处

78. 当转向信号灯开关拨至右转向时，右转向信号灯闪光频率加快，其原因是（　　）。

 A. 左侧转向信号灯个别损坏　　B. 右侧转向信号灯个别损坏
 C. 右侧转向信号灯功率较大　　D. 闪光器内部故障

79. 鼓风机不转动会造成（　　）。

 A. 不制冷　　　B. 冷气量不足　　C. 系统太冷　　D. 噪声大

80. 空调系统外面空气管道打开，会造成（　　）。

 A. 无冷气产生　B. 系统太冷　　C. 间断制冷　　D. 冷空气量不足

81. 压缩机排量减小会导致（　　）。

 A. 不制冷　　　B. 间歇制冷　　C. 供暖不足　　D. 制冷量不足

82. 制冷系统中有水汽，会引起（　　）发出噪声。

A. 压缩机　　　　B. 蒸发器　　　　C. 冷凝器　　　　D. 膨胀阀

83. 膨胀阀卡在开启最大位置，会导致（　　）。
A. 冷气不足　　　B. 系统太冷　　　C. 无冷气产生　　D. 间断制冷

84. 空调系统处风道空气不足，会造成（　　）。
A. 冷空气不足　　B. 无冷气产生　　C. 系统太冷　　　D. 间断制冷

85. 恒温器调整的断开温度过低，会造成（　　）。
A. 冷气不足　　　B. 无冷气产生　　C. 间断制冷　　　D. 系统太冷

86. 冷却水管堵塞，会造成（　　）。
A. 不供暖　　　　B. 冷气不足　　　C. 不制冷　　　　D. 系统太冷

87. 打开鼓风机开关，只能在高速档位上运转，说明（　　）。
A. 鼓风机开关损坏　B. 调速电阻损坏　C. 鼓风机损坏　　D. 供电断路

88. 热水开关关不死，会造成（　　）。
A. 制冷剂泄漏　　B. 冷却水泄漏　　C. 冷却油泄漏　　D. 以上均有可能

89. 除霜热风出口位于（　　）。
A. 仪表台下方　　B. 仪表台上方　　C. 仪表台后方　　D. 变速杆前方

90. 发动机曲轴冷压校正后，一般还要进行（　　）。
A. 正火处理　　　B. 表面热处理　　C. 时效处理　　　D. 淬火处理

91. 当发动机曲轴中心线弯曲大于（　　）mm时，曲轴须加以校正。
A. 0.10　　　　　B. 0.05　　　　　C. 0.025　　　　 D. 0.015

92. 凸轮轴轴向间隙的允许极限为（　　）mm。
A. 0.10　　　　　B. 0.15　　　　　C. 0.025　　　　 D. 0.015

93. 发动机气缸盖上的气门座裂纹最好的修理方法是（　　）。
A. 粘接法　　　　B. 磨削法　　　　C. 焊修法　　　　D. 堵漏法

94. 气缸体翘曲变形多用（　　）进行检测。
A. 百分表和塞尺　B. 塞尺和直尺　　C. 游标卡尺和直尺　D. 千分尺和塞尺

95. 用气缸压力表测试气缸压力前，应使发动机运转至（　　）。
A. 怠速状态

B. 正常工作温度

C. 正常工作状况

D. 大负荷工况状态

96. QFC-4型微电脑发动机综合分析仪可判断柴油机的（　　）。
A. 喷油状况　　　B. 燃烧状况　　　C. 混合气形成状况　D. 排气状况

97. 使用国产EA-2000型发动机综合分析仪时，当系统对各适配器逐个自检时，若连接正确显示为（　　）色。
A. 红　　　　　　B. 绿　　　　　　C. 黄　　　　　　D. 蓝

98. 汽车专用示波器的波形，显示的是（　　）的关系曲线。
　　A. 电流与时间　　B. 电压与时间　　C. 电阻与时间　　D. 电压与电阻
99. 发动机电子控制系统故障诊断目前常用的方法有（　　）和利用诊断仪器进行诊断。
　　A. 人工诊断　　B. 读取故障吗　　C. 经验诊断　　D. 自诊断
100. 下列（　　）是发动机电子控制系统正确诊断的步骤。
　　A. 静态模式读取和清除故障码—症状模拟—症状确认—动态故障码检查
　　B. 静态模式读取和清除故障码—症状模拟—动态故障码检查—症状确认
　　C. 症状模拟—静态模式读取和清除故障码—动态故障码检查—症状确认
　　D. 静态模式读取和清除故障码—症状确认—症状模拟—动态故障码检查
101. 用数字式万用表的（　　）可检查点火线圈是否有故障。
　　A. 欧姆档　　B. 电压档　　C. 千欧档　　D. 兆欧档
102. 检测电控燃油喷射系统燃油压力时，应将油压表接在供油管和（　　）之间。
　　A. 燃油泵　　B. 燃油滤清器　　C. 分配油管　　D. 喷油器
103. 检测发动机配气相位的仪器是（　　）。
　　A. CQ-1A 型曲轴箱窜气量测量仪　　B. 气门正时检验仪
　　C. 千分表　　D. 汽车电器万能试验台
104. 发动机缸套镗削后，还必须进行（　　）。
　　A. 光磨　　B. 珩磨　　C. 研磨　　D. 铰磨
105. 桑塔纳 2000GLI 型轿车 AFE 型发动机的机油泵齿轮啮合间隙磨损极限为（　　）mm。
　　A. 0.10　　B. 0.20　　C. 0.50　　D. 0.30
106. 在水杯中加热节温器对其进行检查，其打开温度约为（　　）℃。
　　A. 70　　B. 50　　C. 78　　D. 87
107. 安装 AJR 型发动机活塞环时，其开口应错开（　　）。
　　A. 90°　　B. 100°　　C. 120°　　D. 180°
108. 日本丰田轿车采用（　　）调整气门间隙。
　　A. 两次调整法　　B. 逐缸调整法　　C. 垫片调整法　　D. 不用调整
109. 拧紧 AJR 型发动机气缸盖螺栓时，第二次拧紧力矩为（　　）N·m。
　　A. 40　　B. 50　　C. 60　　D. 75
110. 铝合金发动机气缸盖下平面的平面度误差每任意 50mm×50mm 范围内均不应大于（　　）mm。
　　A. 0.015　　B. 0.025　　C. 0.035　　D. 0.030
111. 根据 JT/T 104—1991《汽车发动机气缸体与气缸盖修理技术条件》（已作废）的技术要求，气缸套上端面应不低于气缸体上平面，也不高出（　　）mm。

A. 0.10　　　　B. 0.075　　　　C. 0.05　　　　D. 0.25

112. 发动机曲轴轴承座孔轴线与气缸轴线应用（　　）误差评价。
A. 平行度　　　B. 垂直度　　　C. 同轴度　　　D. 位置度

113. 检测凸轮轴轴向间隙的工具是（　　）。
A. 百分表　　　B. 外径千分尺　　C. 游标卡尺　　D. 塑料塞尺

114. 对于二冲程发动机，气缸完成一个工作循环，活塞往复运动（　　）个行程。
A. 1　　　　　B. 2　　　　　C. 3　　　　　D. 4

115. 使用非分散型红外线气体分析仪前，应先接通电源，预热（　　）min以上。
A. 20　　　　B. 30　　　　C. 40　　　　D. 60

116. 壳体后端面对第一、二轴轴承座孔的公共轴线的轴向圆跳动公差为（　　）mm。
A. 0.15　　　B. 0.20　　　C. 0.25　　　D. 0.30

117. 变速器壳体前后端面对第一、二轴轴承座孔公共轴线的轴向圆跳动误差，可用（　　）进行检测。
A. 内径千分尺　B. 百分表　　　C. 高度游标卡尺　D. 塞尺

118. 驱动桥油封轴颈的径向磨损不大于（　　）mm，油封轴颈端面磨损后，轴颈位的长度应大于油封的厚度。
A. 0.15　　　B. 0.20　　　C. 0.25　　　D. 0.30

119. 编制差速器壳的修理工艺卡中，下列属于技术检验工艺卡项目的是（　　）。
A. 左右差速器壳内外圆柱面的轴线及对接面的检验
B. 主动锥齿轮花键与凸缘键槽的侧隙的检验
C. 差速器轴承与壳体及轴颈的配合的检验
D. 主动圆柱齿轮轴承与轴颈的配合间隙的检验

120. 差速器壳体修复工艺程序的第二步应该是（　　）。
A. 彻底清理差速器壳体内外表面（包括水垢）
B. 根据全面检验的结论，确定修理内容及修复工艺
C. 差速器轴承与壳体及轴颈的配合应符合原设计规定
D. 差速器壳连接螺栓拧紧力矩应符合原设计规定

121. 转向器中蜗杆轴承与蜗杆轴配合的最大间隙不得大于原计划规定的（　　）mm。
A. 0.002　　　B. 0.02　　　C. 0.006　　　D. 0.06

122. 手动变速器壳体上用的连接螺栓是（　　）。
A. M8×50　　B. M8×60　　C. M8×85　　D. M8×45

123. 下列关于自动变速器驱动桥中各总成的装合与调整中说法错误的是（　　）。

A. 用扭力扳手转动输出轴，检查输出轴的转动扭矩，此时所测力矩是开始转动所需的力矩

B. 输出轴和齿轮总成保持不动（可用两个螺钉将一扳杆固定在输出轴齿轮上），装上输出轴垫圈和螺母，按照规定力矩拧紧

C. 把百分表支架装在驱动桥壳体上，使百分表测头对着输出轴中心孔上粘着的钢球，用专用工具推、拉并同时转动输出轴，将输出轴轴承装合到位

D. 将输出轴、轴承及调整垫片装入驱动桥壳体内，以专用螺母作为压装工具将输出轴齿轮及轴承压装到位

124. 变速驱动桥装车的第一步应该是（　　）。

A. 在车下将变速驱动桥移至与发动机对齐

B. 将变速驱动桥置于专用拆装千斤顶上，插好安全链条

C. 将变速驱动桥移向发动机，并使变矩器的导向柱插入曲轴导向孔中，以多用途润滑脂润滑变矩器导向柱

D. 插入 1~2 个变矩器壳体固定螺栓，以固定变速驱动桥位置

125. 检查制动蹄摩擦衬片的厚度，标准值为（　　）mm。

A. 3　　　　B. 7　　　　C. 11　　　　D. 5

126. 转弯半径是指由转向中心到（　　）。

A. 内转向轮与地面接触点间的距离　　B. 外转向轮与地面接触点间的距离

C. 内转向轮之间的距离　　D. 外转向轮之间的距离

127. 转向系大修技术检验规范包括（　　）。

A. 螺杆有损坏　　B. 螺杆无损坏　　C. 转向盘有损坏　　D. 以上均正确

128. 制动鼓内径磨损量不超过（　　）mm。

A. 1　　　　B. 2　　　　C. 3　　　　D. 5

129. 若制动踏板自由行程大于规定值，应该（　　）。

A. 调整　　　　B. 调大　　　　C. 继续使用　　　　D. 以上均正确

130. 分动器各轴的轴向间隙的调整方法为（　　）。

A. 加减垫片　　B. 通过调整轴承盖与壳体的垫片厚度

C. 通过调整螺钉　　D. 通过调整螺母

131. 万向节球毂花键磨损松旷时，应（　　）。

A. 更换内万向节球毂　　B. 更换球笼壳

C. 更换万向节总成　　D. 更换外万向节球毂

132. 手动变速器总成竣工验收时,进行无负荷试验时间各档运行应大于( )min。

    A. 5   B. 10   C. 15   D. 20

133. 制动性能台试检验的技术要求中,对于机动车制动完全释放时间不得大于( )s。

    A. 0.2   B. 0.5   C. 0.8   D. 1.2

134. 当转向传动机构的横、直拉杆的球头销按顺序装好后,要对其进行( )的调整。

    A. 测隙   B. 间隙   C. 紧固   D. 预紧度

135. 下列属于驱动桥装配验收的项目有( )。

    A. 检查转向盘的自由行程   B. 调整前轮前束
    C. 调整最大转向角   D. 装复车轮制动器

136. 汽车转向轮侧滑量的检测应在( )上进行。

    A. 制动试验台 B. 滚筒试验台 C. 侧滑试验台 D. 操作平台

137. 选用免维护蓄电池时,根据自己的需要,计算出需要的电池容量与( )。

    A. 体积   B. 价格   C. 数量   D. 性能

138. 蓄电池电解液面高度要求高出隔板上沿( )。

    A. 5~10mm   B. 10~15mm   C. 15~20mm   D. 20~25mm

139. 对于干荷蓄电池初次使用,只需按规定加足电解液后,静放( )即可装车使用。

    A. 24h   B. 12h   C. 1h   D. 20~30min

140. 发电机"N"与"E"或"B"间的反向阻值应为( )。

    A. 40~50Ω   B. 65~80Ω   C. 710kΩ   D. 10Ω

141. 转子绕组好坏的判断,可以通过测量发电机( )接线柱间的电阻来确定。

    A. "F"与"E"   B. "B"与"E"   C. "B"与"F"   D. "N"与"F"

142. 将机械式万用表的正测试棒(红色)接二极管引出极,负测试棒(黑色)接二极管的另一极。若测其电阻大于10kΩ,则该二极管为( )。

    A. 正极管   B. 负极管   C. 励磁二极管 D. 稳压二极管

143. 检查传动带松紧度时,用30~50N的力按下传动带,其挠度应为( )。

    A. 5~10mm   B. 10~15mm   C. 15~20mm   D. 20~25mm

144. 调节器的检测方法可分为静态检测和( )。

    A. 电阻检测   B. 搭铁形式检测 C. 管压降检测 D. 动态检测

145. 静态检测方法即用万用表测量晶体管调节器各接线柱之间的静态( )。

A. 电压　　　　　B. 电流　　　　　C. 电阻　　　　　D. 电容

146. 接通电路，若测量调节器大功率晶体管的管压降过低（小于0.6V），则说明晶体管（　　）。

A. 短路　　　　　B. 断路　　　　　C. 搭铁　　　　　D. 良好

147. 电器万能试验台上，用于调节发电机磁场电流的部件是（　　）。

A. 可调电源　　　B. 可调电阻　　　C. 可调电容　　　D. 可调电感

148. QD124型起动机的空转试验电压为12V时，起动机转速不低于（　　）。

A. 3000r/min　　B. 4000r/min　　C. 5000r/min　　D. 6000r/min

149. 检验起动机的工作性能应使用（　　）。

A. 测功仪　　　　　　　　　　　B. 发动机综合分析仪

C. 电器万能试验台　　　　　　　D. 解码仪

150. 给起动机定子上每个磁场绕组通电，若某个磁极力较弱，则说明该绕组（　　）。

A. 断路　　　　　B. 短路　　　　　C. 搭铁　　　　　D. 击穿

151. 起动机做空载试验时，若起动机装配过紧，则（　　）。

A. 电流高而转速低

B. 转速高而电流低

C. 电流、转速均高

D. 电流、转速均低

152. 起动系线路（　　）应不大于0.2V。

A. 电压　　　　　B. 电压降　　　　C. 电动势　　　　D. 电阻

153. 试验起动系时，试验时间（　　）。

A. 不宜过长　　　B. 不宜过短　　　C. 尽量长些　　　D. 无要求

154. 检查起动机供电线路时，应重点检测线路各接点的（　　）情况。

A. 电流　　　　　B. 压降　　　　　C. 电动势　　　　D. 电阻

155. 汽车暖风装置除能完成其主要功能外，还能起到（　　）作用。

A. 除湿　　　　　B. 除霜　　　　　C. 去除灰尘　　　D. 降低噪声

156. 天气寒冷时，向车内提供暖气，以提高车厢内温度的装置是（　　）。

A. 制冷装置　　　B. 暖风装置　　　C. 送风装置　　　D. 加湿装置

157. 汽车空调的诊断参数中没有（　　）。

A. 风量　　　　　B. 温度　　　　　C. 湿度　　　　　D. 压力

158. 用于连接制冷装置低压侧接口与低压表下的接口的软管颜色为（　　）。

A. 蓝色　　　　　B. 红色　　　　　C. 黄色　　　　　D. 绿色

159. 氟利昂R12是（　　）气体。

A. 有颜色、无气味

B. 有颜色、有气味
C. 有气味、无颜色
D. 无颜色、无气味

160. 连接空调管路时，应在接头和密封圈上涂抹干净的（   ）。
A. 煤油　　　　　B. 机油　　　　　C. 润滑脂　　　　　D. 冷冻油

得　分	
评分人	

二、判断题（第 161 题～第 200 题。将判断结果填入括号中。正确的填"√"，错误的填"×"。每题 0.5 分，满分 20 分）

（　　）161. 职业意识正确与否，直接影响职业选择和职业成就。
（　　）162. 职业意识是指人们对职业岗位的认同、表扬、情感和态度等心理成分的总和，其核心是爱岗敬业本职工作，在本职岗位上能够踏踏实实地做好工作。
（　　）163. 团队意识的含义包括：规范意识和合作能力两个方面。
（　　）164. 工件旋转时，可以用千分尺测量尺寸大小。
（　　）165. 零件图由一组图形、完整的尺寸、技术要求和标题栏四部分组成。
（　　）166. 润滑脂的使用性能主要有稠度、低温性能、高温性能和耐磨油脂等。
（　　）167. 液压传动系统由动力装置、执行装置、控制装置和辅助装置等组成。
（　　）168. 举升器按控制方式只分为电动式和气动式两种。
（　　）169. 活塞环拆装钳是一种专门用于拆装气门弹簧的工具。
（　　）170. 汽车灯具的种类可分为仪表灯、雾灯、顶灯、前照灯和工作灯等。
（　　）171. 全面质量管理概念最早是由法国质量管理专家提出的。
（　　）172. 汽车维修质量是维修企业的生命线。
（　　）173. 合同法规定，当事人订立合同，应当具有相应的民事权利能力和民事义务能力。
（　　）174. 全面质量管理是以过程为核心，建立起一套科学严密高效的过程体系。
（　　）175. 若发动机曲轴主轴承响，则其响声随发动机转速的提高而增大。
（　　）176. 燃油系统压力不稳定，不可能造成发动机工作不稳。
（　　）177. 怠速太低，影响发动机正常工作。
（　　）178. 传动系各部件松动会导致前轮摆振故障。
（　　）179. 转向桥或车架变形，左右轴距相差过大，正时齿轮故障与制动跑偏现象没有关系。
（　　）180. 读解故障码，只能用解码器直接读取，不可以通过警告灯读取故障码。
（　　）181. 制冷剂不足是由于泄漏所致，将制冷剂补足即可。
（　　）182. 如果气缸盖裂纹发生在受力较大或温度较高的部位，则采用粘接法修理。

（　　）183. 滤纸式烟度计只能检测柴油机废气。

（　　）184. 新 195 和 190 型柴油机是通过增减喷油泵与机体之间的铜垫片来调整供油提前角的，减少垫片供油时间则变晚。

（　　）185. 用连杆检验仪检验连杆变形时，若三点规的 3 个测点都与检验平板接触，则连杆发生弯曲变形。

（　　）186. 变速器输出轴弯曲变形时，应采用冷法校正。

（　　）187. 变速器输入轴用组合式滚动轴承垫片调整，密封垫厚度可以自由选择。

（　　）188. 正常工作的两片钢板弹簧之间的间隙等于 2mm。

（　　）189. 连杆出现弯曲变形时，应该进行校正。

（　　）190. 用卡尺测量膜片弹簧的深度和宽度。当磨损深度大于 0.6mm 或宽度大于 5mm 时，应予以更换。

（　　）191. 用内、外径量具测量，当主销衬套内孔磨损量超过 0.70mm 或衬套与主销的配合间隙超过 0.20mm 时，应更换主销衬套。

（　　）192. 变速器壳体出现裂纹、各接合平面发生明显的翘曲变形或各轴承座孔磨损严重与轴承配合松旷时，应换用新件。

（　　）193. 半轴套管中间两轴颈的径向圆跳动不得大于 0.05mm。当变形超过规定值时，可采用高温高压校正的方法。

（　　）194. 汽车车身主要是由若干冲压钣金件、型材、焊接组件或非金属材料成型件组合而成。

（　　）195. 蓄电池全放电时电解液密度为 0。

（　　）196. 桑塔纳轿车起动线路上，由点火开关直接控制起动机，而无起动继电器。

（　　）197. 独立热源式加热系统可分为独立热源气暖式和独立热源水暖式。

（　　）198. 移动式空调维修盒是一个可移动的组合体，具有较全面的维修功能。

（　　）199. 安装电磁离合器时，若空气间隙不合适，则应根据需要增减垫片。

（　　）200. 采用加压检漏法时，严禁使用可燃气体。

高级汽车维修工理论知识试卷答案

一、单项选择题（第1题~第160题。选择一个正确的答案，将相应的字母填入题内的括号中。每题0.5分，满分80分）

1. A	2. D	3. C	4. B	5. D	6. D	7. D	8. A
9. C	10. A	11. D	12. D	13. A	14. A	15. A	16. D
17. C	18. C	19. B	20. C	21. A	22. B	23. C	24. A
25. D	26. B	27. A	28. C	29. A	30. B	31. D	32. C
33. B	34. A	35. C	36. A	37. C	38. B	39. B	40. C
41. D	42. A	43. C	44. A	45. B	46. D	47. B	48. D
49. A	50. D	51. C	52. D	53. A	54. C	55. A	56. B
57. B	58. A	59. A	60. C	61. B	62. B	63. D	64. D
65. A	66. B	67. D	68. A	69. B	70. C	71. C	72. A
73. C	74. A	75. D	76. B	77. A	78. B	79. A	80. D
81. D	82. D	83. C	84. A	85. C	86. A	87. B	88. B
89. B	90. C	91. B	92. B	93. A	94. B	95. B	96. A
97. B	98. B	99. A	100. D	101. A	102. C	103. B	104. B
105. B	106. A	107. C	108. C	109. C	110. B	111. A	112. B
113. A	114. B	115. B	116. A	117. B	118. A	119. C	120. B
121. C	122. D	123. A	124. B	125. D	126. B	127. C	128. A
129. A	130. B	131. C	132. B	133. C	134. D	135. D	136. C
137. C	138. B	139. D	140. C	141. A	142. A	143. B	144. D
145. C	146. A	147. B	148. C	149. C	150. B	151. A	152. B
153. A	154. B	155. B	156. B	157. C	158. A	159. D	160. D

二、判断题（第161题~第200题。将判断结果填入括号中。正确的填"√"，错误的填"×"。每题0.5分，满分20分）

161. √	162. ×	163. ×	164. ×	165. √	166. ×	167. √	168. ×
169. ×	170. ×	171. ×	172. √	173. √	174. ×	175. √	176. ×
177. √	178. √	179. ×	180. √	181. ×	182. ×	183. √	184. √
185. ×	186. √	187. ×	188. √	189. √	190. √	191. ×	192. √
193. ×	194. √	195. ×	196. √	197. √	198. √	199. √	200. √

汽车维修工
（高级）

高级汽车维修工操作技能考核试卷

考生姓名：_____ 准考证号：_____ 工作单位：_____

一、说明

1. 本试卷的编制命题是从实际出发，以可行性、技术性和通用性为原则。
2. 本试卷依据《中华人民共和国职业技能鉴定规范》编制。
3. 本试卷适用于考核高级汽车维修工。
4. 本试卷无地域限制。
5. 本试卷含修理、故障诊断与排除试题各一道。
6. 修理试题配分为45分，故障诊断与排除试题配分为55分，试卷满分为100分。

二、试题

（一）修理

东风EQ1092型载货汽车后桥减速器检修

考核要求：
1. 正确地装配主减速器。
2. 装配调整符合技术标准。
考核时间：60min

（二）故障诊断与排除

变速器自动脱档的故障诊断与排除

考核要求：
1. 根据变速器自动脱档的故障现象，找出其故障原因。
2. 根据找出的故障原因排除故障。
考核时间：60min

高级汽车维修工操作技能考核评分记录表（1）

考生姓名：_____ 准考证号：_____ 工作单位：_____

（一）修理

序号	作业项目	考核内容	配分	评分标准	考核记录	扣分	得分
1	装配主动锥齿轮	配置工艺、轴承预紧度的检查调整方法及调整质量	8分	配置工艺错误扣4分			
				预紧度的检查调整方法错误扣2分			
				预紧度调整不符合技术要求扣2分			
2	装配从动锥齿轮	装置工艺、轴承预紧度的检查调整方法和调整质量，从动锥齿轮轴向圆跳动的检查	8分	配装工艺错误扣3分			
				预紧度检查调整方法错误扣2分			
				预紧度调整不符合技术要求扣2分			
				轴向圆跳动检查判断错误扣1分			
3	主、从动齿轮装置和啮合调整	装置工艺、啮合印痕和啮合间隙的检查调整方法及调整质量	25分	配装工艺错误扣6分			
				印痕检查调整方法错误扣6分			
				印痕不符合技术要求扣5分			
				间隙检查调整方法错误扣4分			
				间隙不符合技术要求扣4分			
4	安全文明生产	遵守安全操作规程，正确使用工量具，操作现场整洁	4分	每项扣1分，扣完为止			
		安全用电、防火，无人身、设备事故		因违规操作发生重大人身或设备事故，此题按0分计			
5	分数总计		45分				

技术标准：

1. 主动锥齿轮凸缘锁紧螺母拧紧力矩为 392~490N·m。
2. 主动锥齿轮轴承预紧度为 16.7~33.3N。
3. 从动锥齿轮轴承预紧度为 0.98~3.4N·m（用弹簧秤拉时拉力为 16.7~33.3N）。
4. 啮合印痕符合标准。
5. 啮合间隙为 0.15~0.40mm。
6. 从动锥齿轮轴向圆跳动公差为 0.15mm。

评分人：　　　　　年　月　日　　核分人：　　　　　年　月　日

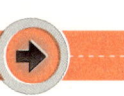 模拟试卷

高级汽车维修工操作技能考核评分记录表（2）

考生姓名：_____ 准考证号：_____ 工作单位：_____

（二）故障诊断与排除

序号	考核内容	配分	评分标准	考核记录	扣分	得分
1	正确使用工具、仪表	4分	使用工具、仪表不当酌情减分			
2	根据故障现象，分析故障原因	20分	检查方法错误扣10分			
			检查程序错误扣5分			
			检查结果错误扣5分			
3	明确故障位置（口述）	7分	不能明确扣7分			
4	排除变速器自动脱档的故障	20分	排除方法错误扣10分			
			自制一处故障扣5分			
			排除不彻底酌情扣分			
5	遵守安全操作规程，正确使用工具，操作现场整洁	4分	每项扣1分，扣完为止			
	安全用电、防火，无人身、设备事故		因违规操作发生重大人身或设备事故，此题按0分计			
6	分数总计	55分				

技术标准：

1. 换档叉端面磨损不得大于0.40mm。
2. 定位锁球槽的磨损不大于0.70mm。
3. 齿轮表面不允许有明显的阶梯形磨损，运转齿轮的啮合侧隙为0.15~0.50mm，接合齿轮的啮合侧隙为0.10~0.40mm，接合齿轮或相配合的滑动齿轮的端部磨损不得超过齿宽的15%。

评分人： 年 月 日 核分人： 年 月 日